El poder de Magdalena

La historia secreta de las mujeres discípulas

Stuart Wilson y Joanna Prentis

Traducción: Mariana Ojanguren

©Copyright 2009 Stuart Wilson y Joanna Prentis,
excepto Capítulo 26: ©2008 Intuitive Teachings, LLC.
Primera impresión-2008
Primera traducción al español-2023

Todos los derechos reservados. Ningún fragmento de este libro, parcialmente o en su totalidad, puede ser reproducido, transmitido o utilizado en cualquier forma o por cualquier medio, electrónico, fotográfico ni mecánico, incluyendo fotocopiado, grabado, ni por ningún sistema de almacenamiento ni recuperación de información, sin previo permiso por escrito de Ozark Mountain Publishing, Inc., excepto por breves citas incorporadas en artículos literarios y reseñas.

Para permiso, seriación, condensación, adaptación, o para nuestro catálogo de otras publicaciones, favor de escribir a Ozark Mountain Publishing, Inc., P.O. Box 754, Huntsville, AR 72740, ATTN: Departamento de permisos.

Datos de catálogo en publicación de la Biblioteca del Congreso
Wilson, Stuart – 1937 –
Prentis, Joanna – 1943 – 2020
Título original: *"Power of the Magdalene"* by Stuart Wilson and Joanna Prentis
    Relatos de testigos oculares de la relación entre Jesús y María Magdalena y las demás discípulas mujeres. Información actualizada de los nuevos niños que están llegando ahora a la Tierra. La información fue obtenida a través de hipnosis regresiva, conducida por Joanna Prentis. Incluye Bibliografía e Índex.

1. María Magdalena 2. Jesús 3. Hipnosis 4. Reencarnación 5. Discípulas femeninas 6. Nuevos niños
I. Wilson, Stuart, 1937 – II. Prentis, Joanna, 1943 – 2020, III. María Magdalena IV. Título
Número de tarjeta de catálogo de la Biblioteca del Congreso: 2023946541
ISBN: 978-1-956945-89-8

Traducción: Mariana Ojanguren
Diseño de portada: Victoria Cooper Art
Diseño de libro: Nancy Vernon
Libro configurado en: Times New Roman
Publicado por:

PO Box 754, Huntsville, AR 72740
800-935-0045 o 479-738-2348 fax: 479-738-2448
WWW.OZARKMT.COM
Impreso en los Estados Unidos de América

Tabla de contenidos

Parte uno: La familia esenia
1. La historia comienza — 3
2. Conectando con la familia esenia — 6

Parte dos: Alariel
3. Primer encuentro con Alariel — 13
4. Una perspectiva angelical — 19

Parte Tres: El drama esenio se desarrolla
5. Jaime en Israel y Egipto — 29
6. Jaime en Gaul y en Gran Bretaña — 39
7. Akhira — 51
8. Laura Clare — 66
9. Las discípulas femeninas — 79
10. Una conferencia angelical — 88
11. Las dos Marías — 92
12. Jeshua y María Magdalena — 98
13. El legado de Magdalena — 103
14. Algunas preguntas clave — 106

Parte cuatro: La conexión Glastonbury
15. Los preceptos de José de Arimatea — 117
16. María Magdalena en Glastonbury — 120

Parte cinco: El fenómeno da Vinci
17. Los cátaros — 127
18. El simbolismo da Vinci — 133
19. La existencia de un linaje — 136
20. Concepción por Luz y ADN — 141
21. El poder de Magdalena — 151

Parte seis: Traducción de una vida pasada
22. Canales de Luz y el templo de Isis — 159

Parte siete: Los nuevos niños
23. El panorama más amplio — 169
24. Los nuevos niños — 172
25. Niños cristal — 187
26. Comprendiendo a los nuevos niños. por Jennifer Crews — 196

Parte ocho: Un nuevo amanecer
27. Hacia un nuevo mundo — 207

28. La nueva consciencia	212
29. El reto de la unicidad	216
30. Melquisedec y Metatrón	221
31. La tecnología de la Luz	225
32. Evolución y diseño	231
Parte nueve: Conclusión	
33. Epílogo: volar y cantar	237
Glosario	238
Lecturas sugeridas	242
Agradecimientos	247
Acerca de los autores	249

Parte uno:

La familia esenia

Joanna: ¿Así que todos los esenios han hecho la promesa de regresar juntos a la Tierra al final del ciclo?

Daniel: Algunos se han ido para trabajar en niveles superiores, pero muchos volverán. Viejos amigos se reconocerán y muchas lágrimas de gozo serán derramadas a medida que nos reencontremos.

Los esenios, hijos de la Luz, Capítulo 44

1.
La historia comienza

Joanna escribe: Todo comenzó en 1988, cuando, con mi hija Tatanya, fundé el centro Starlight en el oeste de Inglaterra, un centro enfocado en la sanación y la expansión de la consciencia. Dos años después, Stuart se nos unió para ayudarnos con el desarrollo del centro, y él escribe acerca de este periodo:

«Yo estaba inspirado y fascinado, ¡pero también exhausto! Un flujo de visitantes venía al centro, principalmente de los Estados Unidos y de Australia, aunque también algunos de Europa. Tuvimos una época increíble y de expansión mental, sentados a los pies de maestros espirituales internacionalmente respetados y líderes de talleres.

»Lo que más recuerdo de ese tiempo fue la gran reunión cuando nuestros amigos vinieron para compartir una comida y habar sobre nuestras experiencias y los cambios que estaban ocurriendo en nuestras vidas. Fue una época maravillosa, llena de alegría y risas, y los eventos especiales, como cuando Anna Mitchell Hedges nos compartió su cráneo de cristal, un taller de Magnified Healing con Gisele King y las dos caminatas sobre fuego dirigidas por Essassani, ¡fueron simplemente mágicas!»

Cuando fui a entrenarme como terapeuta de regresión a vidas pasadas con Ursula Markham, esto le dio al centro un nuevo enfoque y comenzó todo un nuevo ciclo de regresiones a vidas pasadas. A pesar de que exploramos un gran número de periodos históricos, nuestro trabajo tomó una nueva dirección a través de la acumulación gradual de personajes de siete vidas pasadas que vivieron hace dos mil años en Israel. La mayoría de estas personas eran esenios y expusieron una historia excepcional que corría paralelamente con lo contado tradicionalmente, pero que también contenía algunas diferencias impresionantes. Los esenios fueron uno de los principales grupos dentro del judaísmo de ese tiempo. Eran personas idealistas y dedicadas que se agrupaban en comunidades alejadas de los pueblos y aldeas.

El observar la historia esenia desenvolviéndose, fue una experiencia increíble para los dos. Dentro de los siete personajes había dos pares de amigos, y fuimos capaces de poner a cada par en regresión juntos, para que pudieran platicar libremente. Esto probó ser una parte vital del proceso a medida que formaba una llave que nos permitía penetrar el velo esenio del secretismo. Los esenios eran reacios a hablar abiertamente con la demás gente, ¡pero les alegraba bastante hablar entre ellos! Observamos mientras los relatos se entretejían, reforzando y confirmándose unos a otros, a medida que pintaban una imagen de la vida esenia.

La información que emergió a partir de este proceso incluyó la localización de las principales comunidades esenias y la existencia de un núcleo central secreto. También había conexiones fascinantes con los druidas y los primeros vistazos tentativos del trabajo de las discípulas femeninas, pioneras vitales de la etapa temprana del cristianismo, que habían sido escritos fuera del registro histórico.

Los esenios resultaron ser bastante diferentes de la percepción tradicional. Sí, había aquellos monjes esenios estrictos que se representan en los Rollos del Mar Muerto, pero también había hermanos laicos quienes estudiaban las enseñanzas de Egipto, Persia y Grecia, y padres con hijos que se enfocaron principalmente en las prioridades de la vida familiar. Sin embargo, fue el lado práctico, emocional y humorístico de la historia esenia, lo que nos impresionó más. Aquí había gente real con sentimientos y emociones, y es ese aspecto, por sobre cualquier otro, lo que los saca de la historia y los trae a la vida para nosotros.

Con toda esta información que se revelaba, se había convertido en una historia tan interesante que sentimos que nos gustaría comunicarla a una audiencia más amplia, lo que nos condujo hacia nuestro libro Los esenios, hijos de la Luz, publicado en marzo del 2005.

Continuó nuestro trabajo con regresiones a vidas pasadas, incluida una sesión en alemán, gracias a una traductora brillante. Pronto, estuvimos acumulando más información nueva acerca de María Magdalena y las discípulas femeninas.

El verdadero descubrimiento que transformó todo el proceso fue el diálogo que se llevó a cabo con un ser angelical llamado Alariel. Descubrimos a Alariel a través de una evocación de vida pasada y, en el capítulo 3, describimos cómo ocurrió esto. El diálogo con Alariel sumó una nueva dimensión al proceso, y abrió ventanas en muchas áreas a las que no hubiéramos podido acceder de otra forma.

La amplia naturaleza de la información que emergió de este diálogo, junto con su consistencia y claridad, reveló muchas nuevas posibilidades. La evidencia de Alariel nos permitió extender nuestra investigación y llenar muchas grietas en los registros de vidas pasadas. Con los comentarios de Alariel corriendo de forma paralela con el cuerpo principal de nuestro trabajo de vidas pasadas, comenzamos a cubrir el terreno de una forma más minuciosa y a mayor profundidad. Y, eventualmente, cuando ya habíamos acumulado un total de siete sujetos de vidas pasadas, descubrimos que ya teníamos suficiente material para este segundo libro.

El producir este libro resultó ser un viaje lleno de retos y, en ocasiones, emocionante. Ahora, te invitamos a compartir este viaje, siguiendo las pistas del pasado y explorando las muchas posibilidades que se abren para el futuro.

2.
Conectando con la familia esenia

A lo largo del primer libro utilizamos el nombre convencional de Jesús para referirnos a Jeshua hijo de José. A medida que nuestras investigaciones en esta área continuaban, pareció inapropiado utilizar una forma de su nombre tan moderna y romanizada, especialmente si nunca fue llamado «Jesús» en su propia vida. Así que, a lo largo de este presente libro, mantuvimos el nombre original arameo de Jeshua, excepto en citas directas de las fuentes escritas. Jeshua, junto con la forma hebrea Yeshua y el nombre benJoseph, literalmente «el hijo de José», fueron los nombres más utilizados por sus contemporáneos: llevan tal autenticidad que ninguna otra forma actual puede comparársele.

Cuando fue publicado Los esenios, hijos de la luz, un gran número de personas comentó acerca de la energía que contenía el libro, una energía que parecía alcanzar y conectarse con los miembros de la familia esenia, quienes están ahora reencarnados. El libro pasó de un amigo a otro de forma bastante oportuna y guiada, y pronto estábamos recibiendo correos electrónicos de nuevos amigos que vivían por todo el mundo. Nuevamente, estábamos por encontrarnos con mucha gente maravillosa e interesante.

Una conexión importante se dio con Cathie Welchman, una terapeuta que vive tan solo a unos pocos kilómetros de nosotros. Cathie se entrenó como terapeuta de regresión a vidas pasadas con Dolores Cannon, y lleva consigo copias de nuestro libro cuando va a los eventos Mente-Cuerpo-Espíritu, junto con sus esencias de Ángel y Gemas. A partir de los contactos que Cathie hizo en estos eventos, se comenzaron a formar otras conexiones. Uno de estos vínculos se formó con Bina en el área de Brighton y, cuando ella viajó a Devon para una sesión de regresión a vidas pasadas con Cathie, encajó otra pieza interesante del rompecabezas.

Bina experimentó una vida esenia como «el pequeño José», quien tenía 27 años al momento de la crucifixión. Conoció a Daniel (el personaje principal de nuestro primer libro) y mencionó que durante el periodo que siguió inmediatamente a la crucifixión, ambos intentaron escribir un simple relato de la vida y enseñanzas de Jeshua. Sin embargo, en ambos casos los fariseos encontraron y destruyeron los rollos. Aparentemente, el sumo sacerdote del Templo de Jerusalén había ordenado la destrucción de cualquier documento que se refiriera a Jeshua; claramente quería remover todo rastro de él de los registros históricos.

Esto respondió a una de las preguntas que se había estado formando en nuestras mentes. Sabíamos que, según la erudición actual, el Evangelio de Marcos había sido escrito entre los años 60 – 70 e.c., y los otros Evangelios entre aquella época y el año 110 e.c. (Ver el glosario bajo A.D./ a.C.) Pero, ¿por qué tomó tanto tiempo? ¿Por qué no comenzaron a circular algunos simples relatos sobre la vida y enseñanzas de Jeshua durante las dos décadas que siguieron a la crucifixión? Ahora se ha esclarecido que gran cantidad de esos relatos ya habían sido escritos, pero los fariseos los destruían cada que encontraban uno.

Este descubrimiento también ha ensombrecido alguna luz en nuestras vidas actuales. En parte, explica la determinación de Stuart por escribir acerca de este periodo, si, siendo Daniel, sus intentos por hacerlo habían sido frustrados.

Otra conexión importante fue hecha con Gaynel Andrusko en Colorado. Su correo electrónico en abril del 2005 fue el primero que recibimos de un lector de nuestro libro. Gaynel escribe:

«Querida Joanna y Stuart,

¡Gracias por su libro: Los esenios, hijos de la Luz! Tiene información importante para la humanidad y también es de bastante ayuda para nuestra felicidad y crecimiento personal. La iglesia subsecuente que ha evolucionado a partir de Jesús es tan diferente de las intenciones del propio Jesús. Nunca sean precavidos al imprimir este tipo de información, por favor. Yo, como muchos otros, tenemos cierto

"conocimiento interior" y realmente apreciamos que nos hagan llegar este tipo de información.

*Ampliamente agradecido,
Gaynel Andrusko».*

Gaynel también nos dio una serie de preguntas de lo más interesantes, y regresaremos a esto en el capítulo 14.

Otro gran contacto para nosotros fue Jim en Brisbane, Australia. Jim nos envió un correo electrónico para decirnos que había sido un ministro religioso por nueve años: «Jesús me guio y me enseñó acorde a lo que yo podía manejar. Dejé la iglesia hace años y mis doctrinas experimentaron cambios masivos...

»Respecto a la sanación. Hasta los últimos años, simplemente había estado colocando las manos sobre las personas y liberando la energía de sanación. Posteriormente, Jesús me enseñó otra forma simple. Yo tomaría las manos del otro entre las mías y, a medida que yo comenzaba a liberar energía, utilizaría mi imaginación para llevarlos a una vibración más alta. Imaginaría su cuerpo en la siguiente dimensión más alta en donde todo es instantáneo. Una vez que sentía que su cuerpo estaba cómodo y residía en ese estado, nuevamente imaginaría su cuerpo restaurado en su totalidad en los subsecuentes momentos y liberaría energía para este propósito. Cuando sintiera que esto se había logrado, los imaginaría y los sentiría de vuelta en el estado físico, como un todo. La imaginación trabaja en conjunto con la emoción para poder crear esta realidad.

»Jesús estaba ocupado desprogramándome del pasado y trayendo hacia mí nuevos retos y conocimientos...

»Yo no creía en la reencarnación, pero después de una serie de eventos y artículos, no lo pude negar más. Me parece curioso que, mientras que los creyentes ortodoxos de la fe cristiana, judía e islámica, no creen en la reencarnación, es una doctrina aceptada en los niveles espirituales de dichas fes. El místico cristiano, el cabalista judío y el sufí islámico, aceptan esta doctrina.

»Con el paso de los años, sentí gradualmente que tenía una relación cercana con la época que abarcaba a Jesús. Sencillamente sabía que había estado ahí con él, de cierta forma. Recientemente, cuando estaba fuera en un país semi árido, haciendo un poco de minería en busca de ópalo, tenía sueños lúcidos cada noche a tempranas horas de la madrugada. Entonces, una noche fui a lo que sabía era una vida pasada. Yo era un esenio en la comunidad Qumrán, de la cual yo sabía ciertas cosas, incluso después de haber despertado. Yo vestía lo que parecía una túnica café-morada y disfrutaba de mis estudios».

Jim continúa diciendo que su hija también había estado teniendo experiencias de una vida en Qumrán y él tiene intenciones de escribir esta historia y compartirla con el mundo.

Jim dice que todo esto ha sido una experiencia de transformación profunda para él, y ha abierto todo un mundo nuevo por explorar. Escribe:

> «A medida que la Luz aumenta y la consciencia crece, experimentamos un triunfo gozoso de este trabajo. Ya no podemos permitirnos alimentar ninguna vaca sagrada en el prado del norte. Nuestras mentes deben abrirse a lo que Es, ya que esto no es una simple "creencia" en algo. Es lo que sencillamente Es. Cada uno debe tomar responsabilidad por su viaje personal. El Universo siempre te traerá las respuestas que buscas y hoy en día estamos rodeados por las nubes de testigos de muchos lugares y dimensiones en el Universo, muchos de los cuales son capaces también de asistirnos. Tu vibración en cuerpo y alma se elevará alineándose con tu pensamiento ilimitado».

Amamos la frase: «vaca sagrada en el prado del norte». En su forma directa y muy australiana, resume todo el problema del arraigo, la resistencia al cambio.

Por la misma época hicimos una conexión con Margaret: ella había nacido en Australia, pero estaba viviendo en Londres y, durante febrero del 2007, vino a Devon para realizar una sesión de regresión a vidas pasadas con Joanna. Le tomó a Margaret un poco de tiempo para ingresar a su vida como mujer en Israel, hace dos mil años, pero definitivamente hubo un cambio en la energía cuando comenzó a hablar acerca de Jeshua.

Margaret: Cuando pienso en él, mis ojos se llenan de lágrimas y hay emoción... y hay ocasiones en que me siento completamente sobrecogida por este inmenso sentimiento de amor... Hay esta gran emoción y una parte de mí siente la necesidad de enseñar porque es tan simple, es tan sencillo... Solamente me encuentro aquí para enseñarle a la gente a amarse los unos a los otros... y es un sentimiento tan fuerte... muchos no lo comprendieron... Me siento simplemente tan conectada... puedes ver tan claramente... es como estar en casa...

Todas estas conexiones contribuyeron con información y apoyo, con un número creciente de interconexiones entre amigos que habían compartido una vida enfocada alrededor de Jeshua, tan profunda y llena de significado. Esa vida había sido intensa y dramática y, en ocasiones, el redescubrimiento de ella era tan dramático como la cercanía del grupo de almas lo hacía sentir y la conexión con Jeshua hacía su magia en el corazón.

Entre toda esta actividad, gracias a nuestra amiga Isabel Zaplana, quien probó ser una traductora brillante, nuestro trabajo con vidas pasadas continuaba con un sujeto tan lejano, proveniente ni más ni menos que de Alemania. Y, cuando siete sujetos habían completado sus regresiones, revisamos la información y descubrimos que habíamos juntado material suficiente para este segundo libro.

Parte dos:

Alariel

Constantemente eres retado a expandir tu conocimiento y alcanzar nuevas frecuencias de consciencia, nuevas perspectivas de la verdad, nuevas posibilidades del ser.

Alariel en el capítulo 28

3.
Primer encuentro con Alariel

Hemos escrito estos libros basándonos mucho en nuestra guía interna y hemos aprendido a confiar en esa guía a lo largo de los años. Hubo una ocasión en que nuestra guía nos ayudó a abrir una puerta hacia un mayor conocimiento que, de otra forma, hubiera sido cerrada para nosotros. Sucedió así: Stuart había estado explorando una vida en la que había sido un arquitecto llamado Anquel, que vivió en la Atlántida tiempos antes de la edad de oro. (La Atlántida fue el continente antiguo legendario, al que se le dio la reputación de haber cubierto la mayor parte de lo que ahora es el Océano Atlántico).

Esta vida ha proporcionado gran cantidad de información interesante, pero nos sorprendimos y emocionamos cuando nuestra guía nos dijo que Anquel también tenía acceso a una fuente mucho más profunda y significativa. También se nos dijo que nuestra mejor oportunidad para acceder a esta fuente era preguntándole a Anquel algo que sabíamos que sería incapaz de contestar.

Así que, comenzamos a planear una pregunta que fuera apropiada. Ya sabíamos que Anquel tenía una «forma de movimiento lento y meditativo» y esto nos parecía como una forma de Tai Chi de la Atlántida. Tomando esto como nuestro punto de partida, construimos una pregunta que fuera de la mano con lo que nos había sugerido nuestra guía y se la presentamos a Anquel.

Joanna: Estamos interesados en la forma de movimiento lento y meditacional que mencionaste. Hay un grupo de gente llamado los esenios, que vivieron hace muchos miles de años después de tu época. Tenemos entendido que los esenios tenían cierta forma de movimiento meditacional y nos preguntamos si tú podrías investigar esto para nosotros.
Anquel: No he escuchado nunca sobre esa gente y, si existieron en el futuro, yo no tendría forma de investigar esta información por medios convencionales. De cualquier forma, tengo una fuente

angelical que pudiera ser capaz de ayudar. Le pediré que te hable directamente.

Siguió una pausa larga y me dio la sensación de un cambio de energía que comenzó a enfocarse a través de Stuart. Entonces, la comunicación comenzó nuevamente.

Este es Alariel, hablando desde un grupo de doce ángeles que trabajaron con la orden de Melquisedec. Entendemos que tienen una pregunta acerca de los esenios, una hermandad que nos es conocida.

Comentario de Stuart: Tenemos conocimiento de Melquisedec debido a nuestro trabajo para nuestro primer libro. La orden de Melquisedec es una orden de servicio de Maestros avanzados trabajando en muchos sistemas planetarios. Le dedicamos la parte quince de Los esenios, hijos de la Luz a una discusión de la orden.

La sesión continúa:

Joanna: Gracias, Alariel. Sí, nos gustaría saber si los esenios practicaban alguna clase de movimiento lento meditativo.
Alariel: Sí, pero solo en las comunidades del grupo del norte. Había siete secuencias de movimiento, cada una poseyendo un significado simbólico. Estas eran:

Tierra, representada por el león,
Agua, representada por el pez,
Fuego, representada por el dragón,
Aire, representada por la paloma,
Cuerpo, representada por el oso,
Mente, representada por el lobo,
Espíritu, representada por el águila.

El movimiento de todas estas criaturas estaba limitado en las secuencias, y la forma completa daba la sensación de reunir toda la creación en un flujo de energía unificado. Esta forma provino del trabajo de un grupo de esenios que vivieron en el monte Carmelo. El hospedaje ahí estaba más confinado que el experimentado en las comunidades más grandes, las cuales cubrían un área de terreno más grande, entonces hubo la necesidad de desarrollar un sistema que ejercitara el cuerpo en un espacio pequeño. Así que esta necesidad especial dio lugar a esta forma y ésta se esparció a algunas otras comunidades en el grupo del norte, pero no era demasiado practicada.

Joanna: Gracias, Alariel, eso es muy interesante. Nos dices que tú hablas por un grupo de ángeles. ¿Hay algo más acerca de ti mismo que te gustaría decirnos, tu posición en el mundo angelical, por ejemplo?

Alariel: Trabajamos en grupo y no nos enfocamos en el nivel personal. En el mundo angelical es el trabajo lo que es importante, no el ángel individual.

Joanna: Entonces, ¿podrías decirnos por favor algo más sobre tu grupo?

Alariel: Los miembros del grupo han trabajado por un largo periodo con la orden de Melquisedec en un gran número de sistemas planetarios. Es nuestro gusto y privilegio trabajar con los Melquisedec porque están bastante enfocados en la Luz. Desde que nos especializamos en nuestro trabajo, consideramos apropiado dialogar con grupos que tienen cierto interés por el trabajo de la orden, como el de ustedes.

Joanna: ¿Hay algún límite que puedan prever en estos diálogos?

Alariel: Estas comunicaciones serán más limitadas por su habilidad para concebir y formular preguntas, que por nuestra habilidad de contestarlas. Respondemos ante lo que se pregunta y, si no realizan preguntas específicas, es probable que obtengan únicamente respuestas generales. Mientras más específicas sean las preguntas, aportarán más información acerca de las cosas en las que están interesados. A medida que estos diálogos continúen, puede ser que noten que aumenta la calidad de las preguntas y emergerán respuestas mucho más interesantes. El universo es vasto y hay algunas áreas de conocimiento que van más allá de nuestra experiencia, pero queda aún mucho para que exploren.

Joanna: Bien, gracias por esta oportunidad de dialogar con ustedes. Más vale que intentemos realizar algunas preguntas interesantes. De lo que ya nos has dicho puedo deducir que tienen cierto interés por los esenios.

Alariel: Claro. Estamos interesados en todas las operaciones de Melquisedec, y los esenios fueron particularmente relevantes porque vivieron en una época importante para su planeta. El ciclo que descendió hacia una densidad material tenía que cerrarse y el espiral ascendente hacia la Luz, tenía que comenzar. Los esenios jugaron un gran papel en todo este proceso. Ellos eran el enfoque principal de la actividad Melquisedec en su planeta, en esa época.

Joanna: ¿Así que los esenios eran realmente avanzados en muchos sentidos?

Alariel: Sí, pero eso no es de sorprender cuando consideras que tuvieron, directa e indirectamente, la guía de maestros Melquisedec. Tanto la consciencia como la tecnología de los esenios, eran bastante avanzadas para su época. Ellos incluso tenían una precaria forma de energía, algo que la cultura de ustedes considera como un invento bastante reciente, sin embargo, hace dos mil años, los esenios alumbraban sus viviendas con lámparas eléctricas.

Comentario de Stuart: En Lost Secrets of the Sacred Ark, por Laurence Gardner, se muestran un diagrama y la descripción de esta «batería de Baghdad», así como los detalles de un examen moderno de la efectividad de este diseño.

Nuestra siguiente pregunta se enfocó en José de Arimatea, uno de los personajes centrales descritos en nuestro primer libro, Los esenios, hijos de la Luz. José fue uno de los judíos más poderosos de su generación y controlaba la mayoría de la minería de estaño.

Joanna: Comprendemos que José de Arimatea jugó un gran papel en el trabajo de los esenios.

Alariel: Sí. En muchos sentidos él fue la piedra angular que mantuvo toda la operación unida. José, así como la organización que dirigía, proveyeron un transporte vital, comunicación y un sistema de soporte, sin los cuales los esenios no hubieran sido tan efectivos. Y su mente fría y su firme liderazgo en momentos de crisis, mantuvieron a los esenios juntos y enfocados en la tarea que tuvieran entre manos.

Joanna: Un esenio llamado Daniel benEzra, quien es descrito en nuestro libro, fue un amigo cercano de José. Daniel nos dijo que el padre de José también se llamó José, pero los relatos tradicionales le llaman Joaquín. ¿Podrías comentarnos algo sobre esto, por favor?

Alariel: Cuando judíos, en ésta época, asumían posiciones de responsabilidad dentro de su círculo social, tomaban un nombre patronímico, siendo José un ejemplo. Así que, un hombre podía ascender en dicha sociedad para convertirse en un «José», de la misma manera en que una mujer podía tomar un nombre matronímico y convertirse en una «María». Es posible que Daniel tuviera esta costumbre en mente cuando se refiriera al padre de José.

Comentario de Stuart: Hay una confirmación de ésta práctica en el capítulo 5 de La estirpe del Santo Grial por Laurence Gardner.

Cathie Welchman nos dio algunas preguntas interesantes acerca de Daniel y José, y Joanna se las preguntó de parte suya durante una sesión posterior con Alariel.

Joanna: ¿Cuál era la apariencia de Daniel benEzra?
Alariel: Bastante alto, demasiado delgado y fuerte, bronceado y con barba.
Joanna: ¿Se parecía a José de Arimatea?
Alariel: José era más grueso, más fornido, un cuerpo más pesado y un marco más sustancial, que le sirvió bien durante todos los viajes largos que tuvo, con todo el estrés y las tensiones que involucra el viajar.
Joanna: ¿Daniel y José tenían la misma edad?
Alariel: José era un año más grande que Daniel.

Nos dimos cuenta desde un inicio de que este contacto con Alariel podría ser una oportunidad única para nosotros. Ahí, en Alariel, habíamos encontrado a un ser angelical que no parecía estar limitado por el tiempo ni el espacio. Mejor aún, trabajaba dentro de un grupo de doce ángeles y eso puede extender su conocimiento. Claramente, esta fue una fuente de lo más útil, y puede permitirnos sondear áreas que hasta ahora habían resultado esquivas. Allá en donde había grietas en los registros de vidas pasadas, podíamos utilizar el conocimiento de Alariel para llenarlas y así obtener una imagen más completa.

4.
Una perspectiva angelical

Percatándonos de que teníamos la oportunidad de acceder a un amplio rango de información a través de nuestro contacto con Alariel, nos propusimos desarrollar una serie de preguntas que esperábamos que resultaran interesantes. Como en nuestro primer libro nuestra atención se había enfocado en los esenios, iniciamos la siguiente sesión con una pregunta acerca de la hermandad esenia.

Joanna: ¿Cuál es la tarea principal de los esenios que están reencarnados en este momento?

Alariel: En parte, se encuentran aquí para apoyar al replanteamiento de cómo eran las cosas hace dos mil años, particularmente en el grupo alrededor de Jeshua. Están aquí para alentar a todas las personas con buena voluntad dentro de la tradición judeo-cristiana a que echen un vistazo a la narrativa completa de la vida de Jeshua de forma mucho más amplia.

Al hacerlo, puede ser que sean capaces de construir la cabeza de un puente entre las personas activamente trabajando en las iglesias cristianas y las personas más progresistas y liberales, para quienes las nuevas ideas y las nuevas perspectivas parecen bastante naturales.

Joanna: Muchos cristianos pueden encontrar las «nuevas ideas y nuevas perspectivas» bastante retadoras.

Alariel: Sí, pero el cambio siempre ha estado presente en la experiencia cristiana, y hay aspectos del cristianismo que traen la promesa de una renovación y un nuevo comienzo. En particular, hay cierto número de grupos que ahora se están enfocando en las discípulas femeninas y la importancia central de María Magdalena. Las historias de María tienen un gran potencial para mover personas fuera de sus ideas viejas y rígidas y hacia un nuevo entendimiento del rol que tomaron las mujeres en esa época. Esto no solo provee una perspectiva nueva y refrescante, sino que también comienza a construir una «historia alternativa» para compararla con los relatos tradicionales. A su debido momento, esto pudiera también conducir a un replanteamiento de Jeshua y sus enseñanzas.

Joanna: ¿Qué es lo que ves como resultado de las enseñanzas de Jeshua? ¿Hacia dónde conducía todo esto y qué estaba él intentando hacer?

Alariel: Lo que estaba intentando hacer era establecer un nuevo Camino espiritual, una nueva forma de vivir y de relacionarse con las personas y con Dios. Él estaba anclando la energía cósmica del amor en la realidad de la Tierra y, utilizándola, alentaba a la gente a enfocar esa energía a través del centro del corazón. Esta energía es profundamente transformativa. Se mueve a través del bosque seco del corazón como un fuego limpiador, barriendo la madera muerta de experiencias pasadas y todo el enojo, miedo y dolor a los que la gente se aferra. Cuando todo esto se ha ido, empodera al individuo a expandir su consciencia y elevarse a frecuencias más elevadas de ella. Todo esto vuelve a establecer a los Hijos de la Luz en una nueva relación con Dios.

Comentario de Stuart: La Luz en el sentido espiritual (con «L» mayúscula), es la Luz Eterna Divina, también conocida como la Ain Soph. Esta Luz es bastante distinta de la luz común de los sistemas estelares (con «l» minúscula).

La sesión continúa:

Joanna: ¿Cómo perciben ustedes a Dios?

Alariel: Es más fácil comenzar diciendo que: ¡nosotros NO percibimos a Dios! No vemos a Dios como un ser de ninguna forma limitado por el género, espacio ni tiempo. Cualquier ser que haya sido limitado en cualquiera de estas formas no podría ser en verdad y ultimadamente, Dios. Los ángeles perciben a Dios como una Red de Consciencia vasta y como Energía, que es permeable con el universo y ES el universo. Pero eso es solo el Dios manifestado. Dios también existe más allá de la manifestación, en donde no hay un universo físico y este nivel está más allá de nuestra comprensión. Tendremos que pedir prestado un término de sus maestros nativo americanos y decir que esto es un «Gran misterio». Nosotros amamos y reverenciamos el Gran Misterio, sin embargo, no esperamos comprender en ningún momento este nivel de Dios. Los niveles de Dios que son accesibles a nuestra comprensión, se enfocan en la unidad, la alegría y el amor, así que tomamos eso como los indicadores de la verdadera naturaleza del Dios Padre-Madre.

Comentario de Stuart: En la tradición nativo americana, el Gran Misterio es la principal Fuente de la Creación. El Gran Misterio crea al Gran Espíritu, quien, a su vez, manifiesta y nutre la totalidad de la Creación.

La sesión continúa:

Joanna: Ha sido difícil para mucha gente el conciliar la idea de un Dios poderoso con la idea de tanto sufrimiento en el mundo. ¿Por qué permitiría Dios la existencia de tanto sufrimiento?

Alariel: Dios, trabajando a través de la agencia de la hueste angelical, construye el universo que ven a su alrededor, pero le ha dado a los humanos el libre albedrío sobre la Tierra. Así que Dios es como un arquitecto diseñando un teatro en el que ustedes están sentados. Ahora, si ustedes no disfrutan de la obra que están viendo, ¿es lógico culpar al arquitecto del teatro? Claro que no. Ustedes tienen libre albedrío, que es, en esencia, el derecho a equivocarse. Han ejercido este derecho por largo tiempo y han infligido sufrimiento hacia otros y hacia ustedes mismos, pero si se les ofreciera la opción de dejar de ejercer el libre albedrío, no creemos que lo elegirían.

Así que todo se resume en esto: Dios construyó el teatro, pero ustedes son responsables por la obra.

Joanna: Otra forma de decirlo sería que la libertad de acción y un Dios todo poderoso son incompatibles.

Alariel: Dios es, indudablemente, todo poderoso en la creación del universo, pero pueden elegir cómo experimentan este universo. Tienen el libre albedrío para explorar todas las posibilidades de la vida a su propia manera, pero algunas decisiones pueden involucrar el sufrimiento.

Claro que sería posible crear un mundo en donde nadie sufriera porque todos serían como un títere, con Dios (o los agentes angelicales de Dios), tirando de todas las cuerdas. ¿Serías feliz viviendo en semejante mundo? ¿Hubiera creado eso el tapiz rico del desarrollo espiritual y los genios creativos que la humanidad ha demostrado? Creemos que no.

Sería un mundo muy a salvo y aburrido, con pocas posibilidades de crecimiento espiritual, y siempre fue la intención de Dios que ustedes se desarrollaran para alcanzar su mayor potencial espiritual, evolucionando por largos periodos de tiempo para tomar su lugar, eventualmente, entre los Elohim.

Joanna: Por favor díganos algo acerca de los Elohim.

Alariel: Los Elohim aparecen en muchas tradiciones, en ocasiones bajo el nombre de los Ángeles Mayores o Grandes Seres Espirituales. Pueden ser considerados como los Arquitectos del universo, planeando y supervisando la creación y trabajando para llevarla de vuelta hacia la máxima armonía.

Ya que el universo está unido en una vasta red de consciencia y ser, la totalidad del sistema debe moverse como uno. Su galaxia está comenzando ahora a regresar a la Fuente, ascendiendo hacia la Luz, y para mantener el ritmo de esto, una gran cantidad de ayuda se le está proporcionando al planeta Tierra en este momento, bajo la dirección de los Elohim.

Joanna: ¿Qué es lo que ven como el mayor contraste entre los mundos humano y angelical?

Alariel: Nuestro mundo está ordenado, pero predecible. El mundo humano puede parecer caótico, pero es vibrante, lleno de deseos de consciencia creativa, y los resultados de esa creatividad nos sorprenden contantemente.

Siempre están produciendo nuevas soluciones ante los problemas, y su ingenuidad y habilidad para idear soluciones creativas, es algo con lo que nos maravillamos. Solo se les requiere a los rangos más altos del mundo angelical que muestren este nivel de creatividad. Para la mayoría de los ángeles dentro de la hueste, es más importante que sigamos el plan que ya se nos dio, con una actitud amorosa y de cuidado, trabajando para el bien de todos los involucrados.

Joanna: ¿Los ángeles experimentan emociones?

Alariel: Respondemos a algunas frecuencias que ustedes pudieran considerar como emocionales, tales como la compasión y tristeza cuando los seres se tornan hacia la oscuridad, y alegría cuando se vuelven de nuevo hacia la Luz. Pero no resonamos con las emociones más básicas como el miedo, enojo, odio y envidia. Si se sienten constantemente nutridos, amados y sustentados por la Fuente de todo lo que es, y viven y se mueven dentro de la unidad de esa Fuente, esas emociones básicas sencillamente no tienen significado.

Joanna: ¿Cómo experimentan el tiempo?

Alariel: El tiempo sí existe en el mundo angelical, pero no el tiempo que ustedes conocen. Nuestro tiempo consiste en una cosa siguiendo a otra, una serie de secuencias si así lo prefieren, que es por lo que le llamamos tiempo secuencial. Su tiempo también tiene elementos secuenciales dentro de él, pero es rígido, o al menos rígido en lo que respecta a la mayoría de los humanos. Nuestro tiempo secuencial no es rígido, sin dudas es bastante flexible. Podemos regresar a cualquier parte de él y volver a correr cualquier segmento de él, pero, dentro de ese segmento, las secuencias seguirán una a la otra en un orden lógico, no se revolverán en alguna moda aleatoria. No seríamos capaces de implementar los planes dados por los Elohim si el tiempo fuera aleatorio y desordenado, que ninguna secuencia siguiera a otra en un orden lógico. Es simplemente que el orden de las secuencias es una cosa, y el acceso a ellas es otra. Respetamos el orden, pero podemos acceder a cualquier secuencia a voluntad.

Vemos la consciencia como Una sola y evolucionando otra vez hacia aquella Unicidad, pero, entre esos puntos de unidad se pasa a través de una separación aparente, «multiplicidad» y tiempo lineal como ustedes lo conocen. Nosotros vemos a la parte rígida y lineal del tiempo como la etapa media de la evolución espiritual, a través de la cual ustedes están pasando ahora. Cuando se muevan hacia su siguiente etapa de desarrollo, verán el tiempo como algo mucho más flexible y los eventos dentro de cualquier secuencia serán mucho más accesibles de lo que perciben ahora. Algunos humanos con habilidades especiales, como un chamán entrenado, por ejemplo, puede ser capaz de percibir el tiempo en esta forma más flexible, pero esas habilidades son relativamente raras entre los humanos en esta etapa de su desarrollo.

Joanna: ¿Los ángeles rezan?

Alariel: *Depende de a qué te refieras con rezar. Rezar en el sentido de pedirle al Padre-Madre Dios por algo, muy rara vez. Rezar en el sentido de sintonizarse con Dios, el deseo de Dios, su diseño, propósito, sí, todo el tiempo. Nuestro trabajo no sería posible sin la constante sintonía. Tristemente, los seres humanos no comprenden la sintonía. Piensan en ello como simplemente alinearse con el deseo divino, pero es mucho más complejo que eso. Hay un plan divino, una huella para toda la creación, y la hueste angelical trabaja para manifestar esa huella, primero en creación y luego en sostener lo que ha sido creado, y asistiendo a la evolución espiritual de los seres manifestados. Esta huella es una combinación de principios firmes y la aplicación flexible de esos principios, así que no es un sistema totalmente fijo y rígido.*

En cualquier momento, en la luz de los eventos que se desarrollan, un ángel puede sintonizarse y preguntar si el plan pudiera ser cambiado y modificado. En los sistemas planetarios, en donde hay varios grados de libre albedrío, esto es esencial, ya que el libre albedrío cambia el patrón de las cosas con frecuencia y de forma sustancial.

Cuando un ángel propone un posible cambio del plan existente, esto es considerado dentro de la hueste angelical y, ya sea:

(a) Es inmediatamente aceptado e implementado.

(b) Se propone para investigación ante un panel de ángeles expertos en dicha área, o bien

(c) Es asignado a una conferencia de ángeles con un gran rango de habilidades y experiencia. Esto es esencial cuando se propone un gran cambio mayor.

Joanna: ¿Cuál es la mejor manera en que podemos enfrentarnos al cambio en este planeta? ¿Creen que deberíamos pelear u oponernos a las viejas organizaciones que se están resistiendo al cambio?

Alariel: Tengan claro que cuando sea que pelean por algo, se están enfocando en eso y dándole más energía. Si quieren remover algo de la manifestación, es mejor enfocarse en lo opuesto: brindarle energía de buena calidad u organización a eso, y verlo florecer y crecer, sabiendo que lo antiguo se marchitará a su propio tiempo.

Joanna: El concepto de «aspectos de almas» es aún algo difícil para mucha gente. ¿Pueden darnos su percepción de esto, por favor?

Alariel: Durante etapas iniciales de la evolución humana, fue suficiente para el alma poner una parte de sí misma en la Tierra por un tiempo, una presencia encarnada. Luego, a medida que las civilizaciones en la Tierra se desarrollaban y se volvían más complejas, ofreciendo un rango más amplio de experiencia espiritual, muchas almas desearon tener acceso a muchas de esas posibilidades al mismo tiempo. La solución fue que el alma pusiera varias personalidades o aspectos, con frecuencia tantos como doce al mismo tiempo. Los recuerdos de todas esas doce personalidades se retroalimentaban de vuelta en el alma y, en vidas subsecuentes, todos los aspectos de esa alma recordarían dichas vidas.

Joanna: ¿Qué elemento que hayamos perdido de la consciencia humana es importante que lo recuperemos ahora?

Alariel: Sin duda, es el elemento Diosa: La sagrada feminidad es la fuente de la más alta y más sutil sabiduría, y el conocimiento más profundo. Las culturas chamánicas han reconocido siempre la primacía de la sabiduría femenina, y ya es hora de que esta primacía, simbolizada por María Magdalena, sea más ampliamente conocida en el mundo. Solamente conociendo la primacía de la sabiduría femenina es que los conflictos se resolverán y las heridas profundas que la humanidad ha infligido en sí misma por el paso de los siglos, finalmente comenzarán a sanar.

Joanna: ¿Cuál creen que es el mayor fracaso de la humanidad?

Alariel: El hecho de ir de forma instantánea a juzgar a mucha gente y muchas cosas. Esto está particularmente marcado cuando están pensando en el resultado de cualquiera de sus acciones. En muchas situaciones humanas, están en una posición que nosotros describiríamos como IDER - Insuficientes Datos para la Evaluación de Resultados. No obstante, ustedes intentan juzgar continuamente lo que pueda resultar de sus acciones y, peor aún, castigarse a sí mismos cuando el resultado no es tal como ustedes habían predicho. Hay tantas variables en un planeta en donde el libre albedrío domina que, francamente, es tonto predecir cualquier simple resultado en cualquier situación. Pueden predecir un rango total de posibles resultados, si deben hacerlo, pero, incluso entonces, algo pudiera suceder que no han previsto y, por lo tanto, no se puede predecir. Ya que las líneas de tiempo se mueven hacia el futuro y son tan sutiles y tan sujetas al cambio, sería un curso mucho más sabio para ustedes el no predecir nada, sino sencillamente observar lo que sucede a medida que pasa el tiempo.

Joanna: ¿Y cuál piensan que es la mayor fortaleza del ser humano?

Alariel: Su habilidad para responder con amor en sus corazones ante otros, ya sean seres humanos, animales o plantas, cuando éstos están en dificultades o dolor. Es la calidad única del corazón humano lo que los llevará a través, ya que tiene la habilidad de barrer toda la basura de egocentrismo y avaricia. Cuando los seres humanos sienten y actúan con sus corazones, son capaces de lograr descubrimientos excepcionales.

Parte Tres:

El drama esenio se desarrolla

Ángel de armonía,
ayúdanos a sintonizar nuestras vidas este día
con la Madre Tierra y el Padre Sol:
ayúdanos a trabajar con alegría
y compartir con amor todo lo que tenemos,
para que cuando llegue el atardecer,
podamos encontrar paz.

Stuart Wilson
Una sintonización matutina inspirada por
las comuniones esenias.

5.
Jaime en Israel y Egipto

Aproximadamente al mismo tiempo en que nuestro primer libro fue publicado, Joanna agendó para sí misma una sesión de regresión a vidas pasadas con nuestra amiga Cathie Welchman y, algunas semanas después, Cathie vino a vernos para una sesión recíproca. Joanna la puso en un estado alterado y le pidió conectarse con cualquier vida que pudiera haber tenido en el Medio Oriente hace unos dos mil años. Una vez que se conectó a una vida en esa época, Joanna le preguntó qué era lo que podía ver.

Cathie: El piso está seco y polvoso... Veo palmeras... Ahora puedo ver casas... Está caluroso... Creo que me estoy dirigiendo hacia una reunión... Estoy esperando ver a alguien ahí... Veo una silla, una banca construida contra la pared, y hay un hombre ahí, haciéndome señas para que yo permanezca en silencio... Yo me siento a un lado de él.

Justo del otro lado de la esquina, hacia mi izquierda, puedo ver un patio, con mucha Luz en él. Parece ser un grupo interno y están dentro de la Luz... en un círculo sobre el suelo, vestidos con túnicas largas y están... en alguna clase de comunión... uniéndose de cierta forma. Hay uno que sobresale, es como si brillara, y yo lo estoy observando a él. Yo no tengo muchos años de edad, unos trece, sentado en las sombras... solo viendo a esa gente ahí. No puedo escuchar lo que está diciendo el hablante... la Luz está alrededor de su cabeza, como un color rosa, y están recibiendo color desde él. Cómo quisiera ser parte de eso... Sé que debería estar ahí, he sido guiado para estar ahí.

Comentario de Stuart: Para cuando toda la historia se hubo desarrollado, se volvió claro que el «hablante» era de hecho Jeshua benJoseph. En este punto, probablemente en algún momento durante su ministerio, Jeshua estaba conectando con varios grupos, tal y como este. La Luz alrededor de su cabeza debe haber sido su aura.

La sesión continúa:

Cathie: Ahora el hablante dejó el grupo y se me acercó. Me está diciendo que mi tiempo llegará. Solo tengo trece años y sé que tendré que ir antes con María.
Joanna: ¿Cuál María es ella?
Cathie: María Salomé.

Comentario de Stuart: María Salomé fue una forma del nombre de Helena Salomé, una hermana de la Madre María (ver el capítulo 9).

La sesión continúa:

Joanna: ¿Cómo te llamas?
Cathie: Me llamo Jaime.

(Ahora que Jaime se ha identificado, usaremos ese nombre).

Joanna: ¿Cómo se llama este lugar?
Jaime: Se llama Gedi, Ein Gedi. Vivo cerca de ahí.

Comentario de Stuart: Ein Gedi fue uno de los grupos del sur de las comunidades esenias, que fue identificado en el capítulo 6 de Los Esenios, hijos de la Luz. (Ver diagrama).

La sesión continúa:

Joanna: ¿Qué sucede en Ein Gedi?
Jaime: No sé mucho acerca de lo que sucede en ese lugar. La visité algunas veces... Sé que Jeshua va ahí en ocasiones. Yo escucho mi guía, así que puedo ir cuando él asiste... He sido guiado para ir ahí desde que era bastante joven.
Joanna: ¿Cómo se sienten tus padres acerca de que vayas a ese lugar?
Jaime: Saben que es algo especial... Si no pueden encontrarme, saben que he ido ahí. Mis padres son amables; me dan bastante libertad y me permiten usar mis dones.

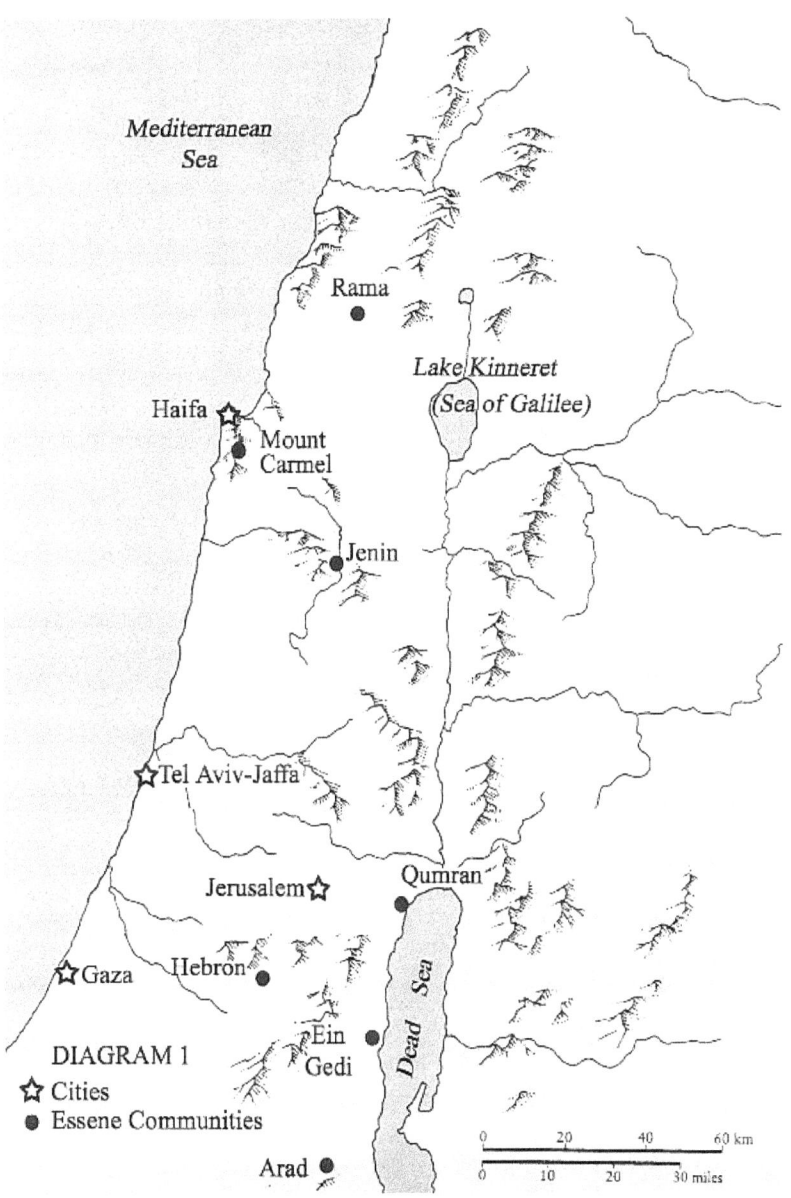

Joanna: ¿Puedes platicarme acerca de tus dones?
Jaime: Veo luces alrededor de la gente y sé quién es seguro y quién no, quién es peligroso.

Comentario de Stuart: Creo que Jaime se refiere aquí al aura, el campo de energía alrededor de la cabeza y cuerpo de cada ser humano. Cualquiera que pueda ver auras y tenga la habilidad de leerlas, puede decir bastante acerca de la consciencia de una persona, debido al movimiento y organización de los colores dentro del campo áurico.

La sesión continúa:

Joanna: ¿Quiénes son la gente peligrosa? ¿Los romanos son el problema, el peligro?
Jaime: No... son los líderes de nuestra gente, los sacerdotes...

(Hubo una pausa aquí, en la cual Cathie respiró profundamente).

Jaime: He ido otra vez a Ein Gedi, pero esta vez es diferente. Debo ir a casa de mis padres y decirles que debemos ir a Egipto, en donde encontraremos a María Salomé. Sé que hay algo bastante malo en este momento. No lo comprendo, pero no es bueno que permanezcamos aquí por más tiempo.
Joanna: ¿Aún tienes trece años?
Jaime: Aún tengo trece, pero debemos marcharnos... la energía ha cambiado, cambiado por completo. Antes se sentía bien, pero ahora todo es diferente... hay un gran cambio de energía, como si algo se estuviera rompiendo y separando, siguiendo su camino... Tengo que volver con mis padres. Ellos pueden sentir que la energía ha cambiado y me preguntan cuál es el problema. Yo les digo que he visto a Jeshua, pero no como hubiera esperado verlo. La energía es diferente... algo le ha sucedido, no sé lo que es... Cuando él llegó al grupo, sus pies tenían grandes agujeros y eso me asustó.
Joanna: ¿Nadie te dijo lo que le sucedió?
Jaime: No. Pero algo acerca de él cambió. Jeshua dijo que todos nos teníamos que ir y debía ser rápidamente. Los seguidores de Jeshua están en peligro... los sacerdotes rastrearán a cualquiera conectado con Jeshua. Los seguidores estarán en

gran peligro y debemos partir. Mis padres dicen que podemos demorarnos un poco para decírselo a nuestros amigos, pero yo digo que debemos tomar al animal de carga, la mula, y partir de inmediato. Hagámonos camino hacia Egipto y seremos guiados.

Comentario de Stuart: Jaime parecía bastante ansioso y confundido en este punto. No está claro si estaba viendo al mismo Jeshua o una imagen de él cuando estaba bilocándose. (Más adelante en este mismo libro tenemos la confirmación de que Jeshua tenía la capacidad de la bilocación y aparecer en dos lugares al mismo tiempo). Si este evento que Jaime está describiendo sucedió después de la crucifixión, entonces estaba probablemente viendo una imagen bilocada.

La sesión continúa:

(Aquí hubo una larga pausa y una sensación de tiempo pasando en la vida de Jaime).

Jaime: Hemos viajado un largo camino ahora… Hemos conocido a gente que viste como nosotros, pero yo sé que ellos no son viajeros ordinarios porque tienen Luz a su alrededor. Todo el camino hemos conocido a gente de la Luz… Hemos sido guiados por el camino por más personas que ven nuestra Luz… pero debemos encontrar a María Salomé y ella nos dirá hacia dónde ir después.
Joanna: ¿Sabes mucho acerca de María Salomé?
Jaime: Ella es parte del círculo interno alrededor de Jeshua.
Joanna: ¿Cuál es el nombre de tu madre?
Jaime: El nombre verdadero de mi madre es Elizabeth, pero la llamamos Liza.
Joanna: ¿Qué hay de José de Arimatea? ¿Tu familia lo conoce?
Jaime: Sí, es un amigo de mi familia. Es bastante viejo y me ha dado algunas lecciones sobre navegación.
Joanna: ¿Es uno de los maestros de los esenios?
Jaime: Solo para aquellos que están interesados en tierras extrañas y viajes, las tierras célticas de lejos, cruzando el mar… él tiene una Luz diferente a su alrededor… sobre todo concentrada

alrededor de la cabeza y cuello... en círculos de arcoíris, azul, rosa y violeta y es bastante bonita...

Comentario de Stuart: Esta es una sección interesante porque nos muestra cómo son diferentes las cosas para un niño de trece años. Sin duda José enseñaba muchas cosas, pero para un niño, las cosas interesantes eran los barcos y los viajes a tierras exóticas y desconocidas, así que eso es de lo que José hablaba cuando veía a Jaime.

La sesión continúa:

Joanna: ¿Ya llegaron a Egipto?
Jaime: Sí... La energía es bastante diferente en Egipto. Mucho se ha congregado y aprendido aquí y a mis padres les gusta estar aquí. Hemos llegado a Alejandría, le llamamos «Alysene» y hay pilas de comida y cabras gordas y la gente vive bien aquí.
Joanna: ¿Así que la comida escaseaba en el área de donde vienen?
Jaime: Sí. No teníamos bastante comida, pero lo que teníamos se compartía con igualdad.
Joanna: ¿Entonces éste es un mejor lugar?
Jaime: Sí, bastante próspero. La gente parece feliz, tienen caras redondas y no están asustados.

Comentario de Stuart: Tal como descubrimos durante la investigación para Los esenios, hijos de la Luz, Alejandría (en el lago Mareotis) fue una de las comunidades esenias originales o una de las «principales». Como tal, era natural que los esenios en peligro se dirigieran ahí. Había pocos refugios seguros en el mundo de los esenios, pero la comunidad de Alejandría era sin duda uno de ellos.

La sesión continúa:

Joanna: ¿Qué tanto se quedaron en Alysene?
Jaime: Debemos esperar mientras mis padres se recuperan del viaje. Y necesitamos descubrir qué está sucediendo con el grupo alrededor de Jeshua.
Joanna: ¿Podías pasar algo de tiempo con Jeshua cuando eras joven?

Jaime: Sí. Él conocía a mis padres y en ocasiones venía a la casa a hablar… decía parábolas, y hablaba y hablaba, y después jugaba con los niños. Podías notar su energía teniendo influencia sobre toda la gente.

Joanna: Como un niño pequeño, ¿sentías que recibías más de la energía que de las palabras?

Jaime: Claro. Yo no comprendía algunas de sus palabras. Era demasiado joven, pero observaba la Luz. A medida que la gente de ahí comprendía lo que él estaba diciendo, la Luz alrededor de ellos aumentaba. Cuando absorbían información de Jeshua, era como una gran explosión de Luz en todas direcciones. Y él también enviaba algunos patrones geométricos hacia la gente que no tenía la Luz. Yo he visto la Luz y a los ángeles a su alrededor. Había cierta clase especial de risas en estas reuniones, una risa en el corazón.

A mí me gustaba estar con él, y me sentía tan orgulloso de estar ahí. Jeshua venía por algo de descanso durante sus viajes, pero nunca obtenía ese descanso porque la gente quería hablar con él. Se hablaba de que él estaba ahí y la gente venía a verlo y a escuchar. Él tenía una voz bastante suave y tenías que estar en silencio para escucharlo. El escucharlo te tranquilizaba. Él tenía esta voz suave cuando se encontraba con gente y sanaba sus corazones.

Su cabello era salvaje de cierta forma. Otras personas le hacían su cabello hermoso… lo cepillaban y mantenían en su lugar… pero Jeshua nunca hizo nada por su cabello… era casi una melena. Estaba limpio, pero sin cepillar, cierta clase de café con luces color cobre, y sus ojos eran azules y muy intensos.

Joanna: ¿Entonces aún se encuentran en Alejandría, Alysene?

Jaime: Sí. Descubrimos que María Salomé estuvo aquí, pero ya se marchó. La gente con la que nos quedamos nos dijo que Herodes fue forzado a hacerle algo a Jeshua… (suspira)… es demasiado horrible… Yo no sé exactamente qué pasó, pero los sacerdotes iban tras él.

Joanna: Sí, Jeshua intercambió algunas palabras duras con ellos.

Jaime: Él les dijo que cambiaran sus modos, les pidió que cambiaran, pero ellos no lo harían. Jeshua nos dijo que se avecinaban tiempos diferentes... los sacerdotes tenían miedo de perder su posición y su importancia si las cosas cambiaban. Jeshua dijo que la ley era simbólica, señalando la forma de entenderlo, pero ellos no lo captaron.
Joanna: Los sacerdotes tenían creencias fijas. Ellos se iban mucho a la cabeza y se les dificultaba sentir con el corazón.
Jaime: Es por eso que las mujeres comprendían. Ellas comprendían intuitivamente que Jeshua era el líder y maestro del cambio. Ellas entendían la energía detrás de sus enseñanzas, si no es que todas sus palabras.

Los esenios con los que nos quedamos saben más que nosotros acerca de lo que ha estado ocurriendo. Nos han hecho sentir muy bienvenidos, pero mi padre está preocupado porque tiene muy poco que darles a cambio por toda su hospitalidad y no quiere abusar de su acogida.
Joanna: ¿Tu padre practica alguna manualidad?
Jaime: Sí, es un escriba... muy habilidoso con los idiomas. Ahora comprendo su conexión con Egipto. Ha traducido muchos rollos en su vida y algunos de ellos provienen de Egipto.
Joanna: Un esenio llamado Daniel benEzra también trabajaba con rollos. ¿Tu padre lo conoce?
Jaime: Sí, es nuestro pariente.

Daniel benEzra fue el personaje principal descrito en nuestro libro Los esenios, hijos de la Luz. A pesar de que muchas otras personas contribuyeron a este encuentro con la vida esenia, la médula del libro es la historia de Daniel. Jaime pensaba en Daniel como su hermano mayor, pero fuimos capaces de preguntarle a Alariel acerca de esto en una sesión posterior, y esto fue lo que nos respondió:

Alariel: Eran primos. El abuelo de Jaime se llamaba Benjamín, y tenía gran interés por la astrología. Benjamín tuvo dos hijos que eran opuestos astrológicos, el signo sol de uno de los hermanos era el signo ascendente del otro. Él les dio nombres que reflejaban eso, llamando a uno Ezra Nathaniel y al otro Nathaniel Ezra. Cuando Ezra Nathaniel se casó, tuvo un hijo, que fue Daniel. Nathaniel Ezra se casó con Sarah, pero ella falleció. Entonces se casó con Elizabeth y tuvieron un hijo, que fue Jaime. Es por eso que Jaime era mucho más joven que Daniel, porque era el hijo de un segundo matrimonio.

Comentario de Stuart: A partir de esto nos es claro que Jaime era primo hermano de Daniel, no su hermano.

La sesión continúa:

Jaime: No sé en dónde se encuentra ahora... no hemos escuchado de él. Daniel es mucho más grande que yo, pero seguido viene a vernos. Yo le platiqué acerca de la Luz que veo alrededor de la gente.
Joanna: ¿Tienes alguna historia favorita acerca de Daniel?
Jaime: A los niños les agradaba Daniel y solían tirar de sus túnicas.

Solía traer pequeños recuerdos para los niños porque a menudo viajaba con Jeshua y entre las comunidades. Así que ellos se reunían alrededor de su túnica y decían: «¡Debes tener algo!» Ya que Jeshua ponía Luz en algunas piedras, Daniel adquirió el hábito de traer pequeñas piedrecillas de vuelta y solía esparcirlas y decirle a los niños: «¿A cuál le puso Luz Jeshua?» Y aquellos niños que tenían el don, siempre solían escoger las correctas.

Algunos niños solo elegían una piedra por ser bonita, y se sentían mal por no haber elegido la correcta, pero Daniel solía decirles: «La próxima vez que venga Jeshua, denle su piedrecilla y él le pondrá algo de Luz también», así que, al final, no les importaba demasiado. Daniel era bueno con los niños, pero en realidad no sabía mucho sobre ellos y nosotros pensábamos que él era bastante serio. (Suspiró). Después de habernos marchado hacia Egipto, nunca volvimos a ver a Daniel. Sé que mis padres lo extrañan, pero nunca volvieron a hablar con él.

Comentario de Stuart: Todo esto nos ayuda a tener una visión más amplia acerca de Daniel, y a llenar la imagen que emergió de Los esenios, hijos de la Luz. Verlo relacionándose de esta forma con los niños, muestra otra faceta de su carácter y nos ayuda a traerlo a la vida para nosotros.

Es interesante especular que es posible que aún haya piedrecillas en las playas británicas, a las cuales Jeshua les infundió Luz cuando visitó nuestras costas.

6.
Jaime en Gaul y en Gran Bretaña

El relato que Jaime nos ha dado acerca de sus viajes posteriores al tiempo de la crucifixión, han sido fascinantes hasta ahora, y estábamos ansiosos por escuchar el resto de la historia. ¿Fueron tan al norte hasta Gran Bretaña? ¿Se encontraron con algunos druidas y se reencontraron con José de Arimatea?

Jaime: Nos quedamos en Alysene por algún tiempo, pero finalmente tuvimos que seguir. Yo sabía que la mayoría de nuestros amigos ya deberían haber dejado nuestras tierras para entonces. El grupo que vi en Ein Gedi era cercano a Jeshua y, seguramente, ya se habrían marchado. El grupo tenía demasiada Luz a su alrededor, particularmente las mujeres.

Cuando nos marchamos, fuimos en barco a través del mar central. Cruzamos a salvo, aunque el pasaje era agitado. En la tierra del norte, en un lugar llamado Gaul, nos encontramos con muchos otros que reconocimos, incluida María Salomé. Atracamos en un puerto pequeño, un lugar bonito que era muy verde. Ahora, viajamos hacia arriba, hacia las tierras célticas que se extienden hacia el norte. Está frío y sopla un viento fresco.

Jaime viajó al norte a través de Gaul (lo que ahora es Francia), con un grupo mixto, la mayoría de Israel, pero algunos de Egipto y otros países del Medio Oriente. Jaime comentó que: «Mucha gente diferente ha sido unida a través del miedo y la necesidad, y teniendo un mismo camino que seguir». Viajaron hacia el norte siguiendo una importante línea de energía (nosotros le llamaríamos una «línea mística»), la cual «siguieron como un rastro». Montaron en «pequeños caballos», que después identificamos como Caspianos, una raza pequeña y resistente, de unos 100 a 120 centímetros de alto. Jaime describe algunos de los terrenos como «duros y rocosos» y vio montañas, algo que nunca había visto en Israel, y vio la nieve por primera vez. A medida que continuaban, su grupo desarrolló habilidades de percibir y sentir las líneas místicas.

Para los más jóvenes, «era como una nueva y extraña aventura», pero para los mayores, había mucha tristeza. En cierto punto, Jaime habló acerca de una conglomeración de personas que estaban viajando a través de Gaul, con cierto número de tiendas clavadas en un lugar alto y abierto. Estaba frío y se acurrucaban alrededor de varias fogatas en el sitio. Era una oportunidad para que compartieran sus recuerdos, hablaran acerca de viejos amigos y se apoyaran unos a otros.

Jaime: Sabíamos que debíamos mantener vivos los recuerdos… y eso es lo que estábamos haciendo.

Joanna: Así que las enseñanzas que tú tenías de Jeshua eran principalmente energéticas, pero, ¿había también enseñanzas con palabras?

Jaime: Para mí no era tanto una enseñanza mostrándote cierta forma de Ser. Cómo vivir siendo un espíritu dentro de un cuerpo, cómo actuar y reaccionar ante la gente a tu alrededor. Un mensaje muy simple, vivir en el corazón y no dañar a otros.

Oh, (hubo una pausa, un cambio en la energía y una inhalación repentina) la mujer llamada María se aproxima a nuestro grupo.

Joanna: ¿Es María Salomé?

Jaime: No, no lo es, es María Magdalena (una inhalación profunda y un suspiro). Es tan hermosa, tiene ojos oscuros… es nuestra conexión con los kaloos y trae mensajes de ellos. Es ella quien le informa a nuestra gente diseminada acerca de los trabajos que debemos hacer. Nos está diciendo que es a través del linaje femenino que se retendrán los aspectos emocionales de los recuerdos. Los hombres son ejecutores y deben encontrar información a través de registros externos, y ambos, mujeres y hombres, son necesitados. Los hombres serán ayudados por registros físicos… unidos a través de cristales y lugares, portales en donde serán capaces de acceder a los registros universales de eventos, historia real.

Comentario de Stuart: Los kaloos fueron la gente remanente y diseminada de los antiguos atlantes, quienes encontraron las comunidades esenias bajo la dirección de la Orden de Melquisedec. Descubrimos bastante información acerca de los kaloos mientras investigábamos para Los esenios, hijos de la Luz, y también aparecen en Jesús y los esenios de Dolores Cannon. La orden de Melquisedec es una orden de servicio, de maestros avanzados trabajando en muchos sistemas planetarios a través de la galaxia.

La sesión continúa:

Joanna: ¿Es la primera vez que te encuentras con María Magdalena?
Jaime: Sí.
Joanna: Y, por la reacción de tu cuerpo, esta reunión obviamente creó una gran impresión en ti. ¿Fue su campo energético lo que te impresionó particularmente?
Jaime: Sí, es enorme... es morado y... azul. (Aquí, Cathie estaba tan emocionada que apenas y pudo pronunciar en voz alta la última palabra). Ella está unida con muchos otros seres, tanto en la Tierra como fuera de la Tierra; todo está unido mediante Luz, así que sientes que está trayendo un vórtice de los recuerdos de todo el universo hacia tu lugar.
Joanna: ¿Ella es capaz de crear vórtices si se establece en un lugar por cierto tiempo?
Jaime: No creo que lo necesite, ella ES el vórtice.
Joanna: ¿Los demás esenios a tu alrededor están conscientes de que ella es quien posee la mayor carga energética, cercana a la de Jeshua?
Jaime: Es diferente, porque cuando ella se encuentra aquí, no estás consciente de lo que los demás están experimentando al mismo tiempo. Es como si no estuvieras para nada en algún lugar sobre la Tierra... el fuego frente a nosotros desaparece y ella trae el universo entero en azules, morados y amarillos y eso es todo de lo cual tú eres consciente, de eso y de esta energía magistral. (Nuevamente, a Cathie se le dificulta hablar en este punto).
Joanna: Sé que cuando te unes a otro con una aura mayor, no eres consciente de lo que ellos dicen. Es la energía, y vas hacia un estado en donde todo es posible.

Jaime: Ella será una fuerza mayor haciendo que la gente recuerde lo que aprendieron en ese entonces. El trabajo de Jeshua era abrir el centro del corazón. Una vez que está abierto, el trabajo de María Magdalena es proveer la información que se necesita en el preciso momento. Ella hace esto mostrando cómo todos estamos conectados y mostrando cuánta información se puede obtener cuando se pide por ella. Ella no nos habla mediante palabras, pero todos reciben la información que necesitan. Desearía haberla tenido a ella como mi maestra, entonces no hubiera tenido que hacer tantas preguntas. Con ella, sientes como si ya supieras la respuesta incluso antes de realizar la pregunta.

Joanna: ¿Así que ella, en diferentes formas, está abriendo el conocimiento espiritual innato que ustedes trajeron a esta vida?

Jaime: Sí.

Joanna: ¿Y para muchos es solo un caso de recordar?

Jaime: Reconectar, sí. Ella viaja a través de diferentes dimensiones en tiempo y espacio... necesitas un entrenamiento especial para hacer eso... un ser tan especial...

María debe seguir adelante con su viaje... ella estará con nosotros de vez en cuando... está trabajando con Juan. Para cuando terminó, ya es de noche y las estrellas aparecieron, y no nos hemos dado cuenta de que ha pasado tanto tiempo. Hay demasiada emoción a lo largo del grupo, a medida que descubren que están sirviendo a un propósito, siendo de ayuda.

Joanna. Así que ha caído la noche y tú te encuentras contemplando las estrellas...

Jaime: Se me dificulta dormir en esta noche en especial, había tantas cosas que quería preguntarle a María Magdalena. Quería preguntarle qué significa el color marrón profundo en su aura. Y quería ir alrededor de los demás grupos para ver qué estaban haciendo. Es como si todos estuviéramos plasmando el patrón de lo que vendrá en un futuro... bases verdaderas, grandes y especiales. Pero debo dormir un poco, ya que al amanecer todos debemos separarnos y seguir nuestros caminos.

En una sesión posterior, le pedimos a Alariel que comentara acerca de esa reunión con María Magdalena y esto es lo que dijo:

Alariel: Este es un buen ejemplo de la clase de impacto causado por María Magdalena. María era una oradora impresionante, pero era la energía que tenía, la calidad, poder absoluto, y la vastedad de esa energía, lo que realmente impresionaba a aquellos que la conocían por primera vez. Era aquí un alma maestra, una iniciada que había alcanzado los niveles más altos de realización dentro del sistema Isis de Egipto, un sistema que era ampliamente respetado a lo largo del Medio Oriente, como la corriente principal de la escuela de misterio tradicional en esa época. Entonces, el estar en presencia de una alta iniciada de Isis, era algo que mucha gente hubiera visto como una gran bendición.

Comentario de Stuart: Isis, la diosa de la luna de las más altas sacerdotisas, fue una de las más importantes deidades en el panteón egipcio. Como esposa de Osiris y madre de Horus, tenía una posición central en ese sistema, y fue considerada como la diosa de la magia, alquimia y sabiduría suprema. A menudo era llamada por aquellos que necesitaban ayuda con los recuerdos de vidas pasadas.

Jaime y su grupo continuaron viajando hacia el norte a través de Gaul. En cierto punto, él conoció a un hombre impresionante a quien describe como «un sabio», y este hombre le dio un Ankh dorado, una cruz egipcia con una sección redonda en lo alto. Jaime nos dijo que este Ankh en particular había sido adaptado, tallando una figura de Jeshua en él.

El Ankh fue un símbolo clave en la religión egipcia, desde el periodo del hereje faraón Akenatón, quien estableció una forma de monoteísmo, siglos antes de la época de Moisés. El significado básico del Ankh es «vida».

La sesión continúa:

Jaime: Lo puse en mi tercer ojo y recibí imágenes, muchas imágenes. Estas imágenes nos dicen qué hacer. Hemos recibido que debemos continuar con nuestro trabajo ahora. Cuando Jeshua estaba entre nosotros, todos estaban enfocados en él y en lo que él haría, también en lo que podíamos obtener de él... pero él no le daba detalles a nadie sobre qué hacer. Yo sé que ahora se supone que debemos encontrar nuestros propósitos.

Joanna: ¿Y qué es lo que ves como tu propósito?

Jaime: Enviar ritmos dorados de Luz a través de las líneas de energía, acerca de las que hemos aprendido, para que la Tierra pueda experimentar la Luz. Eso era lo que Jeshua estaba haciendo con las piedrecillas. Estaba ayudando a la Consciencia Terrestre a experimentar la Luz, para que ésta tuviera lazos más cercanos con lo que está sucediendo con los seres humanos... de esta forma sería más consciente de la vida sobre la Tierra. Es como llenar las líneas terrestres con energía... energizarlas. Y le estamos contando a Ella acerca de la nueva energía que Jeshua trajo, para que sepa que nos hemos movido a otra fase. Esto se expandirá por toda la Tierra, en cada rincón de la Tierra.

Comentario de Stuart: Nuestro nombre moderno para la Consciencia Terrestre es «Gaia», un nombre originalmente griego que ha sido ampliamente adoptado tanto por ambientalistas, como por la comunidad, cada vez más amplia, de la nueva era.

La sesión continúa:

Jaime: Todos estamos entrenando, todos estamos recibiendo información... Así que yo veo que mi tarea es continuar trabajando con las líneas de energía... Establecer la energía del corazón que sabemos por María Magdalena; es lo que ella nos dio, información sobre ese tipo de energía. Ella me dio información para que yo la transmitiera. Nos ayuda en nuestro predicamento.

Joanna: ¿Cuál es tu predicamento?

Jaime: Que nos sentimos sin un líder. Cada uno de nosotros debemos encontrar nuestro propósito para que podamos trabajar en eso. Vamos en silencio a través del campo… es hermoso, pero demasiado tranquilo. Todo lo que podemos escuchar es el rebuznar de los burros. Hemos dejado los pequeños caballos detrás de nosotros, y ahora montamos burros.

Hemos ido más alto y hay un edificio con baldosas gris azuladas. Hay un grupo de seis de nosotros y vamos a encontrarnos con este hombre. Tiene una cabeza rasurada y piel dorada. Él da una sensación de estar a salvo; crea la presencia de que todo está en el lugar correcto. Quiere mostrarnos cómo llevar a cabo nuestros propósitos. Ha establecido un plan frente a nosotros, para este grupo que va conmigo, casi todos jóvenes. Y nos muestra cómo utilizar el agua y a poner energía en el agua con nuestras mentes o con cristales. El agua brilla casi como si tuviera diamantes en ella… brilla. Él nos enseña canales que ya han sido creados y nos dice que esto es lo que los antiguos kaloos solían hacer. Ellos solían poner canales a través de un pueblo y alrededor de él. Es cierta clase de red para unirse con la energía natural de la Tierra, y es casi como irrigar, intentar dibujar la energía a través de las líneas energéticas. Ponerla en redes a través del agua, para que después vuelva hacia las líneas de energía.

Joanna: Creo que los esenios hacían eso en Israel.
Jaime: *Así es como se las arreglaban para hacer crecer cultivos en el desierto. Así es como la gente se mantenía en salud y balance. Así es como la comida era producida, utilizando la energía de la Tierra a través de las líneas de energía. La ponían en el agua. Así que nuestra tarea es encontrar y mapear las líneas de energía.*
Joanna: ¿Utilizan sus manos para encontrar las líneas de energía?
Jaime: *Solo camino a través de ellas y siento un hormigueo en mis pies. Entonces vamos a marcar las líneas importantes con piedras, grandes piedras. Y vamos a caminar a través de Gaul.*
Joanna: ¿Hay lugares especiales en donde se encuentran esas líneas?
Jaime: *Por todo el mundo, hay lugares especiales con agua. El sufrimiento de la Tierra puede ser limpiado y liberado a través del agua, a través del flujo. Eso es parte de mi trabajo, establecer esos lugares de sanación.*

Joanna: Jeshua te dijo: «Tu tiempo llegará». ¿Ya llegó?
Jaime: Sí, llegó cuando era mucho más grande. Me veo a mí mismo entonces, y ahora me dejé crecer una gran barba... visto una túnica larga y oscura de lana. Siento que es bastante fría. Me he movido a la parte alta de Gaul.

Estamos estableciendo un manantial. Es un lugar muy especial, así que estableceremos casi un templo. Hay cristales para facilitar que Jeshua se una a nosotros... un escalón para subir nuestra energía y bajar la suya.

Joanna: ¿Cómo concretarás tu tarea?

Jaime: Manteniendo las uniones con las líneas de energía a través del agua, manteniendo vivos los manantiales internos, unidos con la energía de la Tierra. Continuar con todo eso, avanzar en el entendimiento espiritual, seguir reinstalándolo cuando es erradicado. Mantenerlo en marcha, mantener las conexiones con Jeshua y María. El trabajo para la gente de la generación de Jeshua era difundir el mensaje. Mi trabajo es mantener abierto el centro del corazón a través de las energías de la Tierra... mantener viva la memoria energética. La Tierra tiene una unión de resonancia con nosotros y nosotros ayudamos a la Tierra para que ella nos pueda ayudar a nosotros.

Esta parte del relato de Jaime fue fascinante, ya que muestra su enfoque en el trabajo con energías terrestres, algo a lo que no se le hace hincapié con frecuencia en el material de los esenios, y está completamente ausente de todos los relatos del trabajo llevado a cabo por los primeros seguidores cristianos de Jeshua. Ayuda a poner sus enseñanzas en un contexto más grande, como parte de la relación entre los seres humanos y la Tierra. Otro aspecto significativo es la importancia central de María Magdalena como quien continúa con el trabajo de Jeshua, y la proveedora de una conexión entre Jeshua y todos los esenios y los seguidores de Jeshua que se establecieron en Gaul. En aquél entonces, había varios grupos judíos esparcidos a través de Gaul y ese país ciertamente proveyó un nuevo hogar como bienvenida a aquellos que huían de la persecución en Israel.

Algunos de los partidarios que viajaban con Jaime, continuaron hacia el norte y llegaron a Gran Bretaña. Sin embargo, para Jaime el viaje finalizó en el norte de Gaul, en donde se asentó y se casó con una mujer de esa área. He aquí la descripción de Jaime respecto a ella:

Jaime: Es hermosa, pequeña y muy comprensiva. Su nombre en su lengua significa «luz estelar».

Continuamos con Jaime a medida que alcanza la intervida y repasa su vida como un todo:

Jaime: Viví hasta que tenía unos sesenta años.
Joanna: ¿Alguna vez fuiste a Gran Bretaña?
Jaime: Sí, y fue ahí en donde me enterraron. Viajé a través del norte de Gaul y después tomamos un bote. Yo me presenté ante la gente de Gran Bretaña con un par de caballos, un buen semental y una yegua. Este fue un intercambio por educar a un grupo de nuestra gente. Ellos estaban por comenzar el trabajo en Gran Bretaña. Yo viajé de aquí para allá y visité Gran Bretaña, me pareció bastante fría. José de Arimatea se había ido hacia Gran Bretaña antes de mí, pero para cuando hice mi primer visita, él ya había fallecido.
Joanna: ¿Cuándo fuiste a Gran Bretaña, escuchaste acerca de lo que José había hecho ahí?
Jaime: Estableció una escuela para intercambiar información y energías. Tenía algunos escritos tallados en piedra. Puedo ver muchos jeroglíficos extraños que yo no reconozco. Los druidas no tenían una escritura tradicional, pero nosotros sí, y deseábamos pasar toda la información a la forma escrita. José hizo que algunas personas tallaran cosas importantes sobre piedras. Son piedras grandes y delgadas, piedras de un color café pálido, con una cara plana, y las inscripciones se plasmaron ahí. Información sobre ritos sagrados y cómo mantenerse conectado. Cuando visité Gran Bretaña, siempre hubo una ocasión especial en la que teníamos algún trabajo energético por hacer.

Esto nos dio la oportunidad de preguntar acerca de los druidas, quienes eran los maestros y líderes de la gente celta. Como quiera, obtuvimos una respuesta muy inesperada y extraña.

Joanna: Comprendo que los druidas eran gente bastante avanzada, y tenían grandes centros de aprendizaje.

Jaime: Son gente bastante graciosa, realmente avanzados en ciertas formas y no parecen lavarse muy a menudo; nosotros proveníamos de una tradición en donde te bañas cada día. Tenían grandes cantidades de agua en Gran Bretaña, pero los druidas tenían uñas sucias. Yo vi la Luz a su alrededor y tenían buenas intenciones; sencillamente no se molestaban en lavarse mucho. Pero en otros sentidos eran extremadamente avanzados. Sabían acerca de sus hierbas y cómo usarlas para curar enfermedades; eran bastante avanzados en ese sentido. Incluso podían llevar a cabo cirugías, lidiar con dolor de dientes y eran hábiles arreglando huesos.

Joanna: ¿Cómo arreglaban huesos?

Jaime: Los entablillaban con madera de un árbol especial, creo que era un fresno. Tomaban el árbol, lo cortaban y contra el área de la fractura colocaban la nueva madera con savia en ella, después ataban cristales a cada extremo de las piezas puntiagudas del fresno y canalizaban energía; colocaban hierbas quemantes en la madera para calentarla. Las hierbas eran olorosas, pero este tratamiento parecía bastante efectivo curando huesos rotos. También eran bastante adeptos trabajando con la Tierra y llamando la lluvia. No eran cazadores recolectores, cultivaban granos y eran hábiles modificando los granos y mezclándolos para obtener pasteles. Recolectaban hierbas de lugares especiales y sabían qué hierbas utilizar para entrar en cierta clase de trance para conectar con la diosa de la tierra. Así que aprendí bastante de ellos y ellos de nosotros.

Joanna: ¿Cuál fue el evento más importante al que asististe mientras estabas en Gran Bretaña?

Jaime: Creo que fue el último evento al que asistí cuando estuve ahí, no mucho tiempo antes de morir. Fuimos a un área conocida como «Priscelly», y establecimos algunas rocas gris azuladas, como pizarra, que podían contener ciertas energías de la Tierra cuando se unían con ciertas líneas energéticas especiales y cristales de cuarzo. Y, desde que nos reunimos ahí y todos supimos nuestros propósitos, teníamos que asegurarnos de que recordaríamos nuestros propósitos de vida en vida, porque sabíamos que cada vez que naciéramos, podríamos olvidarlos. Así que debíamos unirnos con la Tierra, para que, al movernos sobre las líneas energéticas, las redes, desencadenaran una y otra vez nuestros recuerdos, para qué habíamos venido. Y utilizamos ciertos símbolos cabalísticos y palabras para asegurarnos de que, en cada vida, cada uno de nosotros nos conectáramos. Mi conexión es con el agua y los lugares sagrados. Otra gente se conectaría con las piedras, otros con las estrellas y la astronomía y, para otros, habría recuerdos de cómo utilizar sus habilidades. Así que todos nos encontraríamos para asegurarnos de que estábamos llevando a cabo el trabajo de Jeshua, hasta que llegara el momento de ser liberados.

Comentario de Stuart: La Kabala, Cábala o Qabalah es el sistema místico de enseñanzas basado en el Zohar o Libro del Esplendor. Las enseñanzas cabalísticas yacen en el mismo corazón de la tradición judaica y se enfocan en el símbolo central del Árbol de la Vida.

Ahora que se ha contado la historia de Jaime, podemos retroceder y mirarla como un todo. Fue una historia fascinante y llenó muchas grietas para nosotros. Lo maravilloso de esta parte del relato de Jaime es la forma en que ilustra cuán diversos podían ser los trabajos de los seguidores de Jeshua. Difundir las enseñanzas fue solo una pequeña parte de un espectro de trabajo mucho más grande, mucho de lo cual fue relacionado con el trabajo de las energías terrestres. Para los esenios, que habían trabajado con energías terrestres por mucho tiempo, bajo instrucciones de los kaloos, eso no fue una sorpresa, pero podía resultar bastante extraño, sin duda, para cualquiera que proveyera de la corriente principal de la tradición rabínica judía. Tampoco es toda la clase de trabajos que hubieran conocido ni valorado los primeros padres de la iglesia, y ellos probablemente lo hayan descartado, ya que se parece bastante a las prácticas paganas.

El nombre que Jaime pronunciaba como «Priscelly», es casi seguro una referencia a las montañas Preseli, al suroeste de Gales. Esta área contribuyó con las piedras azules más pequeñas de Stonehenge, y fue conocida a lo largo del mundo antiguo como una fuente de piedras de la más alta calidad.

7.
Akhira

En julio del 2006, Isabel Zaplana y Michael Schaefer de Burgess Hill en Sussex, vinieron a visitarnos para una sesión combinada de regresión a vidas pasadas. Isabel y Michael tienen uniones fuertes con la fuente de canalización Kryon, y su trabajo con los suplementos dietarios Gematria los lleva a viajar por todo el mundo.

Después de haber sido llevados a una vida pasada en el Medio Oriente, alrededor del tiempo de Jeshua, la primera parte de la sesión se concentró en la experiencia de Michael como maestro. Mientras que el proceso de Michael se movió rápidamente a través de todo un ciclo de experiencias y liberación, Isabel se tomó más tiempo para sentir su camino hacia esa vida. Pero cuando conectó con esta energía, emergió mucha información nueva. La acompañamos en el punto en que la sesión había apenas comenzado a avanzar rápido para ella:

Isabel: Tengo la sensación de que la mitad de mi cuerpo está enterrada en arena cálida... y estoy muy relajada... creo que es más bien un entrenamiento o una sanación...
Joanna: ¿Hay una persona sanándote o es un grupo?
Isabel: Sí, un grupo.
Joanna: ¿Y cuál es tu nombre?

Hubo cierta dificultad para enfocarse en el sonido exacto del nombre, pero esto es lo que emergió eventualmente.

Isabel: Akhira... un nombre espiritual que se me dio como parte del entrenamiento.

Más tarde, descubrimos que su nombre original había sido Rachel. Usaremos el nombre de Akhira, ahora que éste la identifica. Ella lo pronunciaba con una larga «i», sonando como «Akiirah».

Joanna: ¿Sientes que estás dentro de una comunidad?

Akhira: Sí.
Joanna: ¿Puedes decirme algo acerca de esa comunidad?
Akhira: Son muy amorosos y hay un sentimiento muy fuerte de unidad, de familia. Me siento muy cómoda, muy relajada. Es parte del trabajo que estamos realizando juntos.
Joanna: Cuéntame acerca de ese trabajo.
Akhira: Estamos mejorándonos a nosotros mismos... no solo por nosotros... tenemos una misión y debemos ser sanados y entrenados. Sanamos gente y sanamos lugares. Los demás están más avanzados que yo.
Joanna: ¿El entrenamiento es en expansión de consciencia?
Akhira: Es como sanar y entrenar para volverse más avanzado. Tenemos un rol como sanadores... Yo soy una mujer y me preparo para algo importante a nivel espiritual. He recibido mucha atención de parte de los demás. Están interesados en cuánto he progresado y crecido. Tengo un rol específico, aún no sé exactamente qué es; soy joven.

Más tarde durante esa sesión, descubrimos que Akhira tenía unos diecisiete años en ese entonces.

Akhira: Ellos saben lo que está sucediendo y están felices y me tratan amorosamente; sonríen...

Joanna le preguntó a Akhira sobre el papel de Michael en esta vida, y ella respondió: «Él es mayor que yo. Es un maestro llamado Benjamín y no está casado».

Joanna: ¿Puedes describirme el lugar en el que se encuentra tu comunidad?
Akhira: Está agrupada alrededor de un templo y es bastante espiritual. Creo que está en Egipto. Yo soy de Israel, pero me trajeron aquí para entrenar.
Joanna: ¿Podría ser Alejandría?
Akhira: Sí, es el lugar más elevado para este tipo de entrenamiento.
Joanna: No llamarías tanto la atención en Egipto como lo harías en tu lugar de origen.
Akhira: Así es, hay más libertad aquí para esta clase de trabajo... más aceptación. En Israel todo está escondido... Israel es

peligroso, así que me han enviado aquí. Yo necesito este entrenamiento y necesito estar a salvo; no estoy a salvo en Israel. Pero tendré que trabajar ahí; todos debemos cumplir con nuestro trabajo en Israel.

Joanna: ¿Conociste a Benjamín de tu tiempo en Israel?

Akhira: Sí, lo conozco de Israel. Es un conocido de mis padres. Es más grande, más similar a la edad de mis padres. Es un amigo de mi familia y tiene muchos conocimientos. Es importante dentro del grupo.

Joanna: ¿Alguna vez conociste a Jeshua?

Akhira: Sí.

Joanna: ¿Cómo lo recuerdas?

Akhira: Vino a visitarnos. Él sabía que yo estaba haciendo mi entrenamiento. Yo soy más joven que él. Él tiene muy buena relación con los niños. Es tan amoroso... Bromea con nosotros, es muy relajado.

Joanna: ¿Conociste alguna vez a María Magdalena?

Akhira: Sí. Nosotros le importábamos y venía a vernos. Es mayor, pero ha pasado por muchos procesos y ahora tiene bastante experiencia, es como una hermana mayor. Es muy respetada y sabe mucho acerca de la Luz. Nos cuida; viene a ver cómo estamos. Hay una conexión bastante fuerte... ella viene sola, ya no se encuentra con Jeshua. Yo nunca los he visto juntos.

Joanna: ¿Pero has escuchado que estaban juntos?

Akhira: Sí, lo he escuchado... sí, dicen que ella está con Jeshua, ella es un ser muy elevado.

Joanna: ¿Había un matrimonio espiritual entre María Magdalena y Jeshua?

Akhira: Sabíamos que estaban juntos...

Joanna: ¿Ambos son iniciados muy elevados?

Akhira: Sí, y todos estamos un poco nerviosos cuando ella viene, pero ella es muy natural, como una amiga, una... confidente. Somos muy unidos porque sabemos las mismas cosas; hemos hecho el mismo entrenamiento.

Joanna: ¿Entonces ella es como un mentor espiritual para ti?

Akhira: Sí, ella sabe lo que nosotros y eso nos une bastante. Somos como su grupo de estudiantes. Se siente como si fuéramos sus chicas. Es un momento muy pacífico... ella está muy relajada y feliz de vernos. Ella no se queda aquí, pero viene a visitarnos. Ella no realiza entrenamiento específico o ceremonias con nosotros. No hablamos mucho con ella, es muy telepática.

Joanna: ¿Entonces es un intercambio de energías?

Akhira: Sí, nos sentamos juntos en un jardín, pero no tenemos que decirle nuestras experiencias ni acerca de nuestras prácticas, porque ella las ha hecho y ella sabe exactamente cómo nos sentimos.

Joanna: ¿Cuántos son en este grupo que está en entrenamiento?

Akhira: Cuatro. Yo soy la más joven y conmigo somos cinco. En Alejandría yo soy la última que es preparada para completar el grupo. Este entrenamiento es importante para el grupo.

Joanna: ¿La Madre María visita su grupo?

Akhira: Ella estaba a cargo de nosotros, no estaba siempre ahí, pero supervisaba a todos. Venía a ver que todo estuviera bien.

Joanna: ¿Tu familia estaba en contacto con María Magdalena y la Madre María?

Akhira: Sí, ellos conocían a todos en la comunidad. Cuando fui elegida para el entrenamiento, todos en la comunidad sabían de qué se trataba, incluso mis padres lo sabían.

Joanna: ¿Así que era un honor para tu familia?

Akhira: Sí, era algo muy especial.

Joanna: ¿Tú eras una de las discípulas femeninas de Jeshua?

Akhira: Sí, yo era miembro del grupo de María Magdalena.

Joanna: ¿Cómo percibes la diferencia entre las dos Marías, María Magdalena y la Madre María?

Akhira: María Magdalena es más amorosa, más relajada. La Madre María es más seria, tiene mayor responsabilidad. María Magdalena es natural, amorosa y relajada.

Joanna: ¿Sentiste que la Madre María y María Magdalena trabajaban como parte de un equipo?

Akhira: Sí, trabajaban como parte del equipo, pero eran diferentes. Cada una tiene su rol... cada una tiene su propia misión y nos están preparando a nosotras.

Joanna: ¿María Magdalena es alrededor de diez años más grande que tú?

Akhira: Sí, entre diez y quince años más grande.

Joanna: ¿Cuánto tiempo tomó tu entrenamiento?

Akhira: El entrenamiento en Alejandría era el periodo final de la formación. Yo había sido entrenada previamente en Israel y luego fui a Alejandría; ese era el entrenamiento final antes de esta ceremonia. Y después, fui con Benjamín de vuelta a una comunidad en Israel y nos establecimos ahí.

Joanna: ¿La ceremonia era una iniciación Isis en Alejandría?

Akhira: Sí, vi las pirámides doradas y un gran triángulo dorado. No podía ver a mi alrededor durante la ceremonia... Yo estaba recostada en una cama con forma de pirámide, con la punta recortada y con lados altos. Había una sacerdotisa conduciendo la ceremonia y detrás de mí estaban unas figuras egipcias talladas en oro.

Joanna: ¿María Magdalena también habría pasado por una ceremonia como esta?

Akhira: Sí, ella tuvo el mismo entrenamiento que nosotras.

Joanna: Pero, ¿la Madre María venía de un entrenamiento distinto?

Akhira: Ella había pasado por un entrenamiento similar también, pero no fue aquí en Alejandría. Me siento más unida a María Magdalena que a la Madre María... quizá es porque la Madre María es más vieja. María Magdalena es nuestra confidente, comparte el mismo conocimiento... es como una hermana mayor.

Comentario de Stuart: Lo que emerge de todo esto es el lado cálido y afectivo de María Magdalena cuando se encontraba con los grupos de mujeres entrenando en la misma tradición Isis. La respuesta a la pregunta acerca de las discípulas femeninas fue particularmente interesante. Deberíamos regresar más tarde a las discípulas femeninas de Jeshua, pero aquí, Akhira está diciendo que algunas de estas discípulas fueron enseñadas y guiadas por María Magdalena. Al delegar de esta forma el rol de maestro y mentor, Jeshua estaba dejando entrever que María Magdalena estaba lo bastante avanzada para tener sus propias discípulas, algo que la coloca en un contexto bastante nuevo como una maestra de mayor categoría. Esta información es importante porque va más allá de lo que tenemos en el registro bíblico, y comienza a construir una imagen mucho más impresionante de María Magdalena como una alta iniciada.

Durante marzo del 2007, Isabel y Michael regresaron para una segunda sesión con nosotros. Después de que Isabel fuera llevada de vuelta hacia su vida como Akhira, Joanna le pidió que explorara el conocimiento que obtuvo en ese entonces a partir de su contacto con María Magdalena.

Akhira: Demasiado amor, demasiado amor. Una relación tan unida. Es como estar en casa.

La conexión energética en este momento con María Magdalena era tan poderosa para Isabel, que necesitaba pausar y respirar profundo antes de poder continuar.

Akhira: Siento a María Magdalena, siento su energía, siento su cercanía, me siento en casa. Siempre estamos conectadas, pero ahora estamos juntas.
Joanna: Ella era tu principal maestra, ¿no es así?
Akhira: Sí. Nos queríamos tanto, éramos tan unidas... siempre estábamos juntas.
Joanna: ¿Estuvieron juntas desde una edad muy temprana?
Akhira: Sí, ella era mi maestra, mi hermana, mi amiga. Éramos un equipo muy, muy unido.
Joanna: Sí. Y así debían serlo, ¿o no?
Akhira: Sí.
Joanna: ¿Tu nombre «Akhira» fue en honor a alguien?
Akhira: Me llaman «princesa».
Stuart: Entonces, quizá Akhira era el nombre de una princesa.
Akhira: Me llaman «princesa», es verdad.

Comentario de Stuart: En el mundo moderno, es inusual que un país tenga más de una familia real, pero, hace dos mil años, la situación en Israel era bastante diferente. Durante ese periodo, los líderes de muchas tribus intentaron mantener algunos signos aparentes de la realeza o un estatus cuasi real. Por lo tanto, en el Israel de ese entonces, el título «princesa» era utilizado mucho más comúnmente de lo que es su equivalente moderno en Europa.

La sesión continua:

Joanna: Siento que la gente a tu alrededor en realidad te cuidaba... reconocían tu Luz.

Akhira: *Aún soy una niña en este momento... todos me aman. Es tan fácil. Todos me aman y yo amo a todos. Todo es alegría, felicidad, paz. Sí, me llaman «pequeña princesa». Nuestras vidas no son por completo ceremoniales; ellos disfrutan de la vida y juegan conmigo.*

Joanna: ¿Qué edad tenías cuando fuiste al lugar de enseñanza?

Akhira: *Era pequeña cuando fui ahí.*

Joanna: ¿Qué necesitas aprender?

Akhira: *Necesito aprender las ceremonias. Necesito aprender a realizar las ceremonias con los demás, cómo presentarlas. Es como una coreografía. Tengo que aprender cosas que van fuera de las ceremonias, cómo realizarlas, cómo prepararlas, qué hace cada cosa... los pasos que yo debo seguir, las ropas que debo usar.*

Joanna: ¿Te gustaría hablar acerca de una ceremonia y qué debes vestir?

Akhira: *Tengo este... cabello dorado que me debo poner, y una túnica dorada y llevo cargando una caja.*

Joanna: ¿Qué hay dentro de la caja?

Akhira: *Está cerrada. La forma de la tapa es como el techo de una casa, y es dorada con algunas decoraciones. Durante la ceremonia, la gente la abre y saca algo. Pero ahora estoy ensayando y no sé qué hay dentro de la caja. Ellos me entrenan sobre cómo cargar la caja.*

Joanna: Vayamos un poco delante hasta el punto en que descubres qué hay en la caja.

Akhira. *Es polvo de oro y durante la ceremonia los sacerdotes comen un poco. La ceremonia consagra el polvo y después cada sacerdote toma un poco. Todos visten el mismo tipo de ropa que yo llevo puesto, hecho de oro, y llevan oro en sus cabezas. Las mujeres llevan un tipo de maquillaje especial en sus rostros y todas lucen hermosas.*

Joanna: Tengo entendido que el oro etherium se utilizaba para expandir la consciencia...

Akhira: *Sí. Había tres tipos de este oro.*

Comentario de Stuart: El oro etherium (también llamado oro monoatómico) es un oligoelemento que se presenta naturalmente en depósitos minerales antiguos. Tiene la forma de polvo con propiedades inusuales electromagnéticas y superconductivas. El oro etherium también tiene reputación de tener la habilidad de liberar energías a nivel celular, energizar el cuerpo y transformar el ADN. Los textos egipcios antiguos hablan del uso del «polvo blanco de oro» para nutrir el Cuerpo de Luz.

La sesión continúa:

Joanna: ¿Y cuál era el papel de Michael en ese entonces?
Akhira: Él era uno de los cuales organizaban la ceremonia.
Joanna: Mencionaste que había tres tipos de oro, ¿puedes platicarnos acerca de eso?
Akhira: En este momento, en esta ceremonia, yo no lo tomo. Solo lo traigo para los demás. Las jóvenes y las sacerdotisas toman el polvo blanco-dorado. También hay un polvo un poco más café y uno un poco más dorado. Todas las jóvenes toman el blanco.

Durante esta sesión, se le conectó a Michael a esta vida compartida y fue capaz de agregar más detalles en este punto.

Michael: Era el nivel educacional. El primer polvo era para preservar el cuerpo y anclarlo a la tierra. El segundo polvo era para conectar con la Luz y la felicidad.
Joanna: ¿Así que el polvo café te conectaba con la alegría?
Michael: Y el tercero era para liberar.
Akhira: Los hombres del lado izquierdo toman el café.
Joanna: ¿Entonces tienen que aumentar sus frecuencias hasta que se vuelven más avanzados, comenzando por el polvo blanco y, eventualmente, moviéndose hacia el polvo dorado?
Akhira: Sí. Yo tomo el dorado, pero no durante la ceremonia. Si es una ceremonia únicamente para mí, tomo el dorado.
Joanna: ¿Y esto sucede cuando ya eres un poco más grande?
Akhira: Sí, cuando tengo once o doce años.
Joanna: ¿Entonces cuando eras más joven tomaste el polvo blanco y te graduaste hasta tomar el dorado?

Akhira: Sí. Lo tomo regularmente en una ceremonia que es únicamente para mí, quizá semanalmente. No sé exactamente lo que ocasiona, ellos no me lo dicen todo.

Joanna: ¿Puedes imaginar que has tomado un poco del polvo dorado? ¿Qué sucede?

Akhira: Tomé una cucharadita de polvo y lo disolví en mi boca. Es energía, mantiene el cuerpo, se dirige hacia la cabeza.

Joanna: Tengo la sensación de que está limpiando la energía, para que puedas mantenerte tan pura y ligera como sea posible.

Akhira: Sí. Libera bloqueos por todo el cuerpo. Luego, el cuerpo se siente como una luz dorada, como el Cuerpo de Luz, bastante fuerte y dorado. Y es duradero, se supone que dure al menos todo el día, para poder mantener las energías recargadas.

Fuimos capaces de preguntarle a Alariel (en una sesión separada) acerca del uso del oro etherium en aquél entonces, y esta fue su respuesta:

Alariel: El oro etherium fue valorado a través de las escuelas de misterio en el Medio Oriente, pero fue en Egipto en donde se utilizó con un gran conocimiento y precisión. Dentro de la tradicional escuela de misterio egipcia se desarrolló toda una tecnología acerca de su uso, y dicho uso estaba cuidadosamente controlado. Los egipcios lo vieron principalmente como un medio para fortalecer la conexión con el Cuerpo de Luz, también llamado Merkabah: éste es el vehículo de ascensión. Pero, como preludio para este trabajo, también actuaba como purificador de los niveles sutiles dentro de la conexión cuerpo-mente. Esto era una llave para pasar de forma segura y fluida a través del proceso de iluminación y ascensión. De esta forma, se volvió una herramienta vital que apoyaba todo el trabajo de acelerar y elevar la consciencia humana.

Comentario de Stuart: La ascensión es una etapa avanzada de la evolución humana, en la cual el aspirante eleva su vibración y se une a la Luz.

La sesión continúa:

Akhira: En el futuro yo realizaré lo que dice mi misión, pero, en este momento, vivo aquí con toda esta gente maravillosa y realizo las ceremonias con el polvo.

Joanna: ¿Ya tienes alguna idea sobre qué es tu misión?

Akhira: Tengo el poder de hacer cosas. Ellos saben que será muy importante. Me están preparando para esto. Veo la imagen de otra ceremonia, y en ella, estoy de pie, bastante decorada y con algo largo y dorado alrededor de la cabeza. Esta vez, estoy presidiendo en la ceremonia como una sacerdotisa y ellos traen ofrendas, comida e incienso, velas y oro. Cuando me traen esos objetos, me piden o le piden al universo a través de mí, que algo se realice. Puedo canalizar información y realizar ceremonias, y yo creo algunos signos con mis manos. Estoy comunicándome con un lenguaje de señas con mis manos, y les hablo a ellos a nivel telepático, proveyéndoles información e instrucciones. Hay un haz de información a través de mi tercer ojo. Es una ceremonia que se lleva a cabo regularmente. Todos aquí son muy avanzados; todos son sacerdotes y sacerdotisas.

Joanna: Entonces, ¿cuál es el propósito de toda esta comunicación telepática? ¿Te estás preparando para algo?

Akhira: Sí, nos estamos preparando y estoy dando instrucciones, diciendo lo que se debe hacer y exactamente lo que debe suceder. Es algo muy especial que nos involucrará a todos nosotros trabajando juntos. Pronto me iré de aquí y los estoy dejando con ciertas instrucciones. Viajaré hacia donde sucederá. Yo no me quedaré en este templo. Esta será la última vez que hable con ellos el día de hoy. Todos están muy bien preparados. Es un equipo muy fuerte.

Joanna: ¿Cuál es tu misión en este nuevo lugar?

Akhira: Debo mantenerme muy cerca de lo que sucederá. Llevo dentro de mí una energía que necesita estar presente. Una parte del proceso es que la energía que yo llevo dentro se encuentre ahí. Yo ayudaré a lo que está por suceder.

Joanna: ¿Qué sucederá?

Akhira: María Magdalena lo sabe, pero yo solo llevo esta energía y eso le ayudará.

Joanna: ¿Ella necesita la ayuda de un equipo, ya que tiene un gran trabajo por delante?

Akhira: Sí. Ella y Jeshua deben hacer eso. *Yo ya estoy vistiendo diferentes ropas y estamos en Israel. Yo estoy la mayor parte del tiempo con María Magdalena. Soy su soporte, su asistente. Yo llevo su energía, la recargo y, en cuanto a lo externo, le ayudo con todo tipo de cosas diferentes. Pero, en realidad lo importante no es el trabajo externo que realizo, es el trabajo interno. Siempre estoy con ella; vamos a todas partes juntas. Ella se encuentra con mucha gente todo el tiempo, está muy ocupada y está nerviosa.*

Joanna: ¿Está nerviosa porque sabe que está llevando a cabo un trabajo importante?

Akhira: Sí. *Asistimos a esas reuniones, solo nosotras dos. Ella habla con muchas personas diferentes y yo voy con ella.*

Joanna: ¿Recuerdas su primera reunión con Jeshua? ¿Ellos crecieron juntos desde niños?

Akhira: Sí. *Estaban destinados a estar juntos... se reconocieron el uno al otro. Él sabía, María lo sabía, la Madre María lo sabía, yo sabía. El otro grupo, los apóstoles, no lo entendían del todo. Ellos estaban en un nivel diferente.*

Joanna: ¿Debido a que ellos tenían que hacer un trabajo más bien externo?

Akhira: Sí.

Comentario de Stuart: Nuestra siguiente pregunta se enfoca en el núcleo central, un grupo interno secreto dentro de la hermandad esenia, que ayudaba al trabajo de Jeshua. Hay un capítulo del núcleo central en nuestro primer libro.

Joanna: Comprendo que el núcleo central tenía bastante conocimiento y que simula círculos moviéndose hacia afuera. Mientras más lejos te encuentres del núcleo central, menos conocimiento tendrás.

Akhira: *El núcleo central tenía una energía bastante fuerte.*

Joanna: ¿Y esa energía se irradiaba hacia afuera?

Akhira: *Sí, es como un fractal, un campo de energía saliendo e interactuando todos juntos. Son niveles de energía bastante complejos, campos de energía que tienen patrones geométricos, así, todos los niveles interactúan con todos los demás; son capas de diferentes patrones.*

Joanna: ¿Así que es esencial que todas las capas funcionen?

Akhira: Sí, no puedes quitar una capa. Todo el sistema completo es como un patrón geométrico, entonces, si sacas una pieza, ya no estaría completo.

Joanna: Es holográfico, ¿no es así?

Akhira: Sí, y los campos energéticos que tienen patrones geométricos no están únicamente en la tercera dimensión.

Joanna: ¿Son multidimensionales?

Akhira: Están en todas las dimensiones, pero interactúan y esto crea una gran energía que está ahí en esos grupos y en todo su trabajo.

Stuart: ¿Así que es todo un completo sistema energético?

Akhira: Sí, en muchos niveles.

Joanna: ¿Entonces es un trabajo entramado?

Akhira: Sí, exactamente como un entramado... Si lo ves desde fuera, se alimenta de todas direcciones y dimensiones.

Joanna: ¿Una red holográfica?

Akhira: Una telaraña holográfica, exactamente. Y los campos realizan patrones en verdes, azules, violetas, para que puedas ver la forma.

No son sólidos, son campos energéticos, pero aun así puedes ver la forma y tienen diferentes texturas de azules y un poco metálicos, iridiscentes y cristalinos. Es un sistema en sí mismo, casi un universo por sí mismo.

Stuart: ¿Qué es lo que se alimenta a través de éste sistema, es energía o información?

Akhira: En su mayoría es información. La interacción es en su mayoría información. Son patrones, información.

Joanna: ¿Entonces mucha de esa información está contenida en el patrón, el cual la persona elige telepáticamente?

Akhira: Sí, los grupos se encuentran, pero una gran parte del trabajo se realiza de forma telepática.

Joanna: ¿Entonces estas líneas se utilizan para enviar señales telepáticas?

Akhira: Sí. Es un sistema que está trabajando de forma correcta.

Joanna: Es un lenguaje de Luz que volverá a nuestro planeta para hacernos recordar.

Akhira: *Sí, recordar y mantener este conocimiento vivo, porque todo eso está conectado con la habilidad telepática. El sistema proporciona información acerca de logística y organización, pero el conocimiento es lo que interactúa. Esto se debe a que tienen activada alguna parte de su consciencia. Debido a esta activación, pueden estar en contacto con los demás y tener acceso a muchas otras cosas que los humanos no tienen.*

Joanna: ¿Entonces es una clase de red muy sofisticada, una red más pura a la cual se podían conectar muchas de las escuelas esotéricas de esa época?

Akhira: *Para sintonizarte tenías que estar en el mismo nivel, utilizando la misma intuición y teniendo los mismos códigos. Si no tienes este nivel de codificación, no eres capaz de conectarte.*

En este momento de la sesión sucedió algo bastante extraordinario. Akhira comenzó a hablar en un lenguaje antiguo, muy diferente del habla común, ya que contenía patrones repetidos y ritmos específicos.

Joanna: ¿Nos puedes hablar acerca de este lenguaje? ¿Tiene algún nombre?

Akhira: *Es un lenguaje utilizado en la Atlántida.*

Joanna: ¿Ha llegado en su forma original hasta esa época en la que fuiste llamada Akhira, o ha cambiado desde entonces?

Akhira. *En ese entonces era un lenguaje secreto. No se utilizaba mucho, pero ciertas personas lo conocían. Únicamente los iniciados lo utilizaban. El poder vibracional del lenguaje es muy importante. Sí nos comunicábamos telepáticamente, pero las palabras tienen una vibración fuerte, así que durante las ceremonias era importante que las palabras fueran pronunciadas y que se liberara esta vibración.*

Joanna: Entonces, al recordar este conocimiento, ¿es posible que el lenguaje regrese y traiga consigo esta vibración?

Akhira: *La propia vibración de las palabras puede sanar a un nivel profundo y puede liberar bloqueos profundos dentro de nosotros. Así que este lenguaje es sanación a un nivel bastante profundo. La simple vibración libera bloqueos.*

Después de la sesión, cuando Isabel aún permanecía en la energía de esa vida, mencionó que lo que Akhira estaba intentando explicar, era que la vibración de este lenguaje puede sanar el ADN y liberar bloqueos del ADN.

Joanna: ¿Entonces este lenguaje secreto es parte del conocimiento que tú tenías durante la época de Jeshua?

Isabel: Sí, es una parte, pero hay más sabiduría de esa época a la que tenemos acceso. Hay mucho más trabajo por hacer, pero necesitamos sanarnos a nosotros mismos. Las frecuencias disonantes contienen campos magnéticos que son de una vibración más baja, y éstos mantienen todo nuestro dolor y sufrimiento, así como todas nuestras enfermedades. Necesitamos traer los campos armónicos de más alta vibración para crear una nueva realidad. Hemos estado ocultando este lenguaje secreto y el conocimiento secreto por tanto tiempo, y necesita ser liberado para realizar el trabajo que debe hacerse ahora.

Comentario de Stuart: Esta ha sido una sesión extraordinaria de muy alta energía, y ha abierto información en un nivel bastante sutil. La devoción de Akhira y su dedicación hacia María Magdalena brilla a través de su relato. Esta es la verdadera historia de María Magdalena, no la versión distorsionada que salió a la luz por los primeros padres de la iglesia, quienes claramente tenían un plan poderoso y una determinación absoluta de que las mujeres no deberían tener nunca papeles líderes dentro de la iglesia cristiana. La historia no ha tratado con amabilidad a estos prelados de la iglesia temprana, y su reputación disminuye progresivamente mientras que la de María Magdalena crece cada vez más fuerte.

Una de las cosas más interesantes de esta segunda sesión con Isabel es cuánto avanza en la historia, agregando muchas capas nuevas de conocimiento sobre Akhira, María Magdalena y la vida que compartieron. La información acerca del lenguaje antiguo y poderoso fue también un gran regalo. Cualquier conocimiento que ofrezca la posibilidad de sanar el ADN merece, claramente, nuestra atención, en estos tiempos en que el viaje hacia la unidad es tan importante.

Notamos que el lenguaje fue descrito como «utilizado en la Atlántida», lo que sugiere que no era, en sí mismo, un lenguaje atlante, sino algo mucho más antiguo. Muchas civilizaciones antiguas preservaron lenguajes más antiguos para uso ceremonial, para que fueran solo pronunciados por sacerdotes y sacerdotisas, siendo éste quizá un ejemplo de esa práctica.

8.
Laura Clare

En el verano del 2006, Emma, una terapeuta de regresiones a vidas pasadas en el área de la Bahía de Lyme en el oeste de Inglaterra, contactó a Joanna pidiéndole realizar una sesión de regresión con ella. Emma sintió una conexión con el tiempo y lugar descritos en nuestro libro y la inducción la llevó a una vida en Israel hace dos mil años.

Emma se vio a sí misma como una niña de unos diez años, con piernas largas, cafés y delgadas, con pies descalzos. Ella se sentía un poco salvaje, como si hubiera estado corriendo. Se vio a sí misma frente a un arco blanco.

Más adelante, en esta sesión, establecimos que su nombre en esa vida era Laura Clare. La tradición de otorgar dos nombres conduce a un grado de flexibilidad en cuanto a si se enfatiza un nombre o el otro, o ambos se utilizarán juntos. El relato de Emma aclara que «Laura» era el nombre preferido dentro de la familia, mientras que la referencia de Daniel hacia ella en Los esenios, hijos de la Luz, muestra que «Clare» se utilizó en círculos esenios más amplios, fuera de su familia inmediata. Ahora que hemos identificado a Laura, utilizaremos este nombre a partir de aquí.

Laura: Siento el viento en mi cabello largo a medida que me acerco a este edificio. Hay alguien aquí a quien debo darle un mensaje. Me falta el aliento por todo este correr... hay una sensación de emoción... estoy orgullosa de mi misión. Debo decírselo a esta persona y tengo el sentimiento de que normalmente no debería ir a este lugar. Yo quiero entrar... hay mucha gente y muchos de ellos visten de blanco. Son más grandes que yo y yo me escabullo entre ellos, precipitándome, y yo soy pequeña, así que, si alguien intenta agarrarme y detenerme, me habré ido antes de que me puedan alcanzar.

Joanna: Eso es porque tu misión es demasiado importante y nadie te detendrá, ¿o lo harán?

Laura: No.
Joanna: ¿Te diriges hacia alguien en particular?
Laura: Mi hermano. Tengo un mensaje para mi hermano y nadie me detendrá hasta que llegue a él. Y él es importante, o eso me han dicho. Cuando él viene a casa, mucha gente también viene y es agradable.

Laura nunca le llama a su hermano Jeshua, siempre se refiere simplemente a él como «mi hermano». De cualquier forma, su relato tomado como un todo aclara bastante que su hermano era Jeshua.

Joanna: ¿Sabes qué contiene este mensaje para tu hermano?
Laura: Él debe venir, alguien está enfermo. Él debe venir rápido. Intentan detenerme, pero yo debo ir...
Joanna: ¿Te las arreglaste para llegar a él?
Laura: Le he dicho a alguien que reconocí y él se lo ha dicho. Va a venir y yo estoy corriendo hacia afuera.
Joanna: ¿Eres muy cercana a tu hermano?
Laura: Sí.
Joanna: Así que es por eso que es tan importante; sabes que él es quien puede ayudar. Así que corres por delante para avisarles que él está en camino.
Laura: Ellos vienen; todos están corriendo porque saben que es importante. Yo no quiero entrar en la casa, no quiero ver.
Joanna: ¿Es tu mamá quien está enferma?
Laura: No, es un hombre joven, un primo. Ahora mi hermano sale y ya ha realizado el trabajo que le ayudará. Entonces yo voy a sentarme en el jardín que se inclina lejos de la casa. Tengo un perro con quien puedo hablar y yo no paro de decirle que él lo hará mejorar.
Joanna: ¿Te gustaría hablar acerca de tu hermano?
Laura: Es un maestro, tiene muchos seguidores y es simplemente encantador.
Joanna: ¿Es un hermano mayor?
Laura: Sí.
Joanna: ¿Son muchos en tu familia?
Laura: Hay otros hermanos, pero él es especial.
Joanna: ¿Es el más cercano a ti?

Laura: Yo no diría cercano, porque yo soy pequeña y él es importante, pero él me ama y cuando puede, pasa tiempo conmigo. Yo lo conozco y sé que es bueno. Está aquí para hacer algo importante, y lo hace. Él ha hecho ver a alguien que no podía, es tan inteligente.

Joanna: Debe ser grandioso tener un hermano como él.

Laura: Sí, es encantador y todos hablan acerca de él. A donde quiera que vayas, están hablando acerca de mi hermano.

Joanna: ¿Quieres contarme acerca de tu familia y tu madre?

Laura: Mi madre es encantadora, es muy tranquila y gentil.

Joanna: ¿Eres parte de una comunidad?

Laura: Tenemos una casa y yo puedo entrar en diferentes casas porque todos me conocen.

Joanna: ¿Eso es algo inusual para una niña en esta época?

Laura: Yo soy un poco salvaje... yo diría que era especial. Sé que tengo suerte, soy especial. No cualquiera tiene un hermano como el mío.

Joanna: Pero ya que él es especial, debe ser bastante difícil compartirlo con los demás.

Laura: Él estaba fuera cuando yo era pequeña, después, regresó. Siempre hablábamos acerca de él y yo sabía que era especial, era un maestro. Es lindo en este momento porque está bastante en casa, más que nunca antes. Y yo espero que se quede aquí. Estamos cocinando todo el tiempo y yo ayudo porque siempre hay mucha gente.

Joanna: ¿Asistes al colegio?

Laura: Estudio... estoy aprendiendo a escribir, pero no muchas niñas lo hacen. Yo quiero saber sobre todo tipo de cosas. Quiero saber acerca de las cosas que crecen y que puedes tomar cuando estás enfermo, y eso es lo que mi hermano hace. Él sabe qué darle a la gente y qué hacer, y yo quiero aprender eso. Las plantas son mis amigas y yo quiero saber más sobre ellas, así que las estoy estudiando. Cuando estoy con las flores, ellas me hablan... si es que sabes lo que es una flor, entonces ellas te contestarán.

Joanna: ¿Es como si te conectaras a ellas?

Laura: Ellas pueden hablar, pero solo si sabes... Yo sé que ellas me conocen.

Joanna: Se reconocen la una a la otra.

Laura: Sí, es correcto. Y me encanta el hecho de que soy tan pequeña y puedo sentarme a nivel de las flores, y sentarme bajo los arbustos y mirarlas a ellas hacia arriba. Me encanta, me escondo ahí. Comencé cuando estaba jugando de pequeña. Yo iba y me escondía en los arbustos, y ellos me hablaban. Hay una señora linda que es mi maestra, pero ahora sabe que yo sé bastante.

Joanna: Así que tienes una posición de responsabilidad para una niña tan joven.

Laura: No todas las maestras pueden hablar como yo lo hago, y, en ocasiones, las maestras me piden que le pregunte a las plantas. Yo creo que soy muy afortunada.

Joanna: ¿Las plantas son tu principal interés?

Laura: Las flores y los árboles. Los árboles que quiero trepar; me gusta ir hasta la cima y nadie puede verme, entonces los árboles me hablan.

Joanna: Parece una vida bastante feliz.

Laura: Es hermosa, y cuando crezca quiero ser una maestra como mi hermano, y quiero hacer que la gente se sienta mejor. Puedo ir afuera y llamar a las flores y decirles: «—¿Quién me ayudará con esto? Alguien tiene manchas en su cuerpo—. Entonces una de las flores dirá: —Llévame y machácame y ponme sobre las manchas—.» Entonces lo haré y las manchas mejorarán.

Joanna: Es un gran don el poder hacer eso.

Laura: Ahora solo tengo diez años, pero me dicen que para hacer eso debo estudiarlo antes.

Joanna: Fue muy bueno que reconocieran que tú tienes un gran don.

Laura: Sé que tengo mucha suerte, pero hubo otra época en que yo era una niña pequeña, en donde no era para nada similar. Esta es una época muy especial para mí, porque me encuentro en este lugar protegido, con esta gente maravillosa que me permite ser una niña salvaje, no me restringen. Si quiero dormir bajo las estrellas, puedo hacerlo... es hermoso. Mi hermano está aquí ahora, así que nadie me notará a mí y yo puedo pasar más tiempo en el jardín. Todos están bastante ocupados porque él es importante y tienen a todas estas personas viniendo y están tan ocupados que no me notan a mí.

Joanna: ¿Quieres platicarme acerca de las sanaciones que él realiza? ¿Trabaja con las energías en sus manos?

Laura: Sí, trabaja con lo que sea que tengamos en nuestra casa... diferentes vasijas con hierbas que hemos preparado y está escrito en cada una lo que pueden hacer. La gente viene a la casa porque saben acerca de nosotros.

Joanna: ¿Así que es todo un grupo de ustedes haciendo esto?

Laura: Bueno, podrías decir que mi familia es especial, y que mi hermano es especial. Parece que hemos conocido todo esto por mucho tiempo; somos un grupo de personas que sabe muchas cosas. Hay una historia que dice que somos de hace mucho tiempo, de un lugar muy antiguo en donde todos conocían todo esto. Ahora parece que en el mundo ya no hay gente que sabe esto. Debemos conservar este conocimiento porque puede que después ya no haya muchas personas como yo, y es terriblemente importante que se conserve este conocimiento. El trabajo de mi familia es conservar este conocimiento.

Joanna: ¿Entonces son los guardianes de secretos antiguos?

Laura: Sí. Otras personas saben cosas acerca del sonido, de la música. A mí me gusta la música, pero no sé acerca de ella. Ellos pueden hacer cosas, pueden curar con un sonido, y es maravilloso lo que esa gente sabe. Me gustaría vivir por siempre, entonces yo podría aprender todo eso.

Joanna: ¿Te gustaría hablar sobre algunas otras habilidades que tiene tu gente, como el curar con las manos?

Laura: Las personas de ahora no saben lo que en realidad somos las personas; todos piensan que las personas son solo el cuerpo. Nosotros sabemos que Dios está dentro de nosotros, y que sale de nosotros si nosotros elegimos utilizarlo. Si tú eliges utilizar las manos, la energía de Dios saldrá a través de tus manos. Pero podemos utilizarla a través de nuestros ojos, o a través de nuestra boca cuando hablamos con los demás y hacemos sentir mejor a los demás. Yo creo que todos tenemos esta energía de Dios, pero no lo saben. Nosotros lo sabemos y enseñamos a los niños. Es nuestro trabajo pasar esta información.

Joanna: ¿Hay algo más que quieras decirme de ésta época en la que tú tenías diez años?

Laura: Es la vida más maravillosa. Yo solamente quiero que continúe. Es tan lindo cuando mi hermano pasa un tiempo en casa con nosotros y, ya que está en casa, yo puedo pasar más tiempo con mis plantas en el jardín. No hay una sola noche en la que no haya gente en la casa, así que yo puedo hacer lo que yo quiera.
Joanna: ¿Tu hermano ha estado viajando por algún lado?
Laura: Estaba lejos cuando yo era pequeña. En ese entonces yo no lo veía realmente.
Joanna: ¿En alguna ocasión él habló de sus viajes?
Laura: Fue muy, muy lejos a través del mar. Ha estado en muchos barcos y se ha ido para ver a personas que eran sus maestros.
Joanna: ¿Sabes hacia dónde fueron esos botes?
Laura: Sí, pertenecían a José, mi tío. Yo no lo veo mucho, es muy importante y viaja. Se llevó a mi hermano lejos para estudiar, pero yo estudio aquí en el jardín.

Comentario de Stuart: La persona a la que se refiere aquí es José de Arimatea, uno de los principales personajes en nuestro libro Los esenios, hijos de la Luz.

La sesión continúa:

Joanna: ¿Tu tío José es un buen amigo de tu padre?
Laura: De mi mamá, creo. Cuando él está aquí yo no veo a mi mamá porque ella ama a su hermano como yo amo al mío. Soy tan afortunada.
Joanna: Tu padre también se llama José. ¿Aún vive?
Laura: No.
Joanna: ¿Así que es por eso que tu tío José viene, él ha tomado la responsabilidad por tu familia?
Laura: Eso creo. Él ciertamente cuida mucho a mi hermano... A mí no me gusta que los grandes estén revoloteando alrededor de mí. No me importa si se van lejos.
Joanna: ¿Te gustaría moverte ahora hacia el próximo gran evento que sucede en tu vida?
Laura: Es difícil porque creo que no es bueno... no quiero crecer...
Joanna: Ha sido realmente idílico y creo que tienes la sensación de que no será tan bueno cuando crezcas.

Laura: No, no lo es... No quiero verlo... Quiero saltar muchos años más... Quiero ser realmente vieja.
Joanna: ¿Qué edad tienes ahora?
Laura: He saltado veinte años. Ahora tengo treinta... no se siente igual. Creo que he ido a través del mar en uno de esos barcos.
Joanna: ¿Sabes quién es el dueño del barco?
Laura: Es un barco de José... Ni siquiera quiero pensar en venir aquí, fue una mala época.
Joanna: ¿Te mudaste a un país diferente?
Laura: No es mi país. Es difícil ahora... las flores son diferentes... Yo intento darle sentido a todo.
Joanna: ¿A lo que ha sucedido?
Laura: Sí. Antes, cuando era pequeña, las flores me hablaban y, tal parece que, en esta tierra, las flores no están acostumbradas a hablar... Quizá yo tenga que despertar a las flores de aquí. Este es un lugar bastante extraño... es pesado. Yo me siento pesada porque llevo puesto un abrigo, y nunca antes he usado un abrigo. Estoy en un lugar frío, pero necesito continuar con la enseñanza. Yo estaba bastante bien siendo pequeña. Es como si siendo pequeña hubiera tenido una premonición de que... aquello no duraría. Y no lo hizo. Y hemos venido aquí y necesito mantener este conocimiento y tengo una niña. Tengo una hija y tengo que enseñarle. Es una cosita dulce. Yo la llamo Laura también... Y tengo un esposo.
Joanna: ¿Él pertenecía a tu comunidad?
Laura: Él vino con nosotros en el barco. No nos quedamos en el primer país; alguna de nuestra gente sí lo hizo, pero nosotros no. Fue un viaje bastante largo. Tuvimos que ir hacia donde mi hermano había ido con mi tío... Yo estoy tan cansada. Los árboles no me hablan y en mi país ellos sí lo hacían... Es tan difícil estar aquí.
Joanna: ¿Hay algunas personas en este nuevo país que pueden ayudarte?
Laura: Ellos nos conocen y nos estaban esperando.
Joanna: ¿Cómo le llama esta gente a tu hermano?
Laura: El salvador... Es tan largo y tan agotador. Yo tengo un esposo amado, se llama Jaime... Estoy tan cansada y tengo tanto por hacer. Debemos comenzar una comunidad aquí. Vivo cerca del mar y amo el mar.

Joanna: ¿Este lugar está en Gaul?
Laura: *Ahí es por donde pasamos. Ahora hemos venido aquí a la isla sagrada.*
Joanna: ¿Este lugar tiene algo que ver con Avalon?
Laura: *Nuestra comunidad está ahí, pero yo me quedé aquí cerca del mar porque estaba demasiado enferma. Yo iba a ir a Avalon... pero estaba demasiado enferma como para llegar ahí. Me quedé cerca del mar... No sé si los árboles de aquí me hablarán... las plantas son tan diferentes aquí. Mi hija ya tiene cinco años. Nos sentamos en el jardín, pero yo aún estoy muy débil.*

Comentario de Stuart: La isla de Avalon era el nombre original del lugar en Somerset, al oeste de Inglaterra, ahora llamado Glastonbury.

La sesión continúa:

Joanna: ¿Laura se parece a algún otro miembro de tu familia?
Laura: *Tiene los ojos de mi hermano. Es una niña especial y, si tan solo yo no estuviera tan agotada, podría enseñarle.*
Joanna: Y probablemente ella tiene sus propios dones naturales.
Laura: *Ella canta. Ella me curó con su canto. Mi madre cantaba. Yo no cantaba tanto.*
Joanna: ¿Y su madre cantaba, antes que ella?
Laura: *Sí. Ella cantaba en una lengua que no es nuestra. Un lenguaje antiguo que sana. Yo no hablo ese lenguaje, yo hablo el lenguaje de las flores.*
Joanna: Pero incluso si no hablas un lenguaje, puedes beneficiarte de él.
Laura: *Yo puedo, es maravilloso. Te transporta... yo pienso que viajo de vuelta a las tierras antiguas cuando ella canta. Veo esos templos maravillosos... y fantásticos edificios dorados, y parece que me elevo con los ángeles cuando ella canta. Y yo sé que no todo está perdido, nada está perdido. Cuando ella canta, mantiene el recuerdo de aquella época antigua cuando todos sabíamos quiénes éramos. Y todos éramos completos... y la pequeña Laura ha venido con este don. Pero aún me preocupa mi don, que no es bueno en este país. Parece que no*

puedo hacer que estas plantas hablen, tal como lo hacían en mi tierra.

Joanna: Quizá eso no ocurra hasta que te sientas un poco mejor.

Laura: *Mi esposo es un pescador y nos trae mucho pescado. Estas personas de aquí son muy amables con nosotros y ellos tienen un hijo que juega con mi hija.*

Joanna: Siento que gran parte de tu enfermedad puede estar conectada con esa tristeza por lo que dejaste atrás.

Laura: *Yo estaba con él cuando lo derribaron... yo estaba ahí. Y nosotros lo revivimos... nosotros lo hicimos, ¡lo hicimos! Las plantas hablaron mucho aquella noche; ellas nunca habían hablado tanto. Ellas me llamaron y me dijeron qué hacer. Y todos trabajamos y trabajamos y sanamos esa herida.*

Joanna: No tuviste muchas oportunidades para expresar cómo te sentías, porque tenías un trabajo por hacer y debías continuar con eso.

Laura: *Puse una flor en la herida (suspiros y expresión de una profunda emoción).*

Joanna: Necesitas expresar estos sentimientos si eres capaz, y después, se habrán ido, y ya no necesitan perseguirte más. Hiciste un muy buen trabajo esa noche, un gran trabajo.

Laura: *La herida creció por encima de la flor. ¡La herida creció por encima de la flor! Las flores me estaban diciendo qué hacer y yo les decía a los demás. Lo hicimos. Pero él era diferente, él era de Dios... él era especial.*

Joanna: También lo era tu madre.

Laura: *Sí que lo era.*

Joanna: Debe haber sido todo un calvario para ella, y fue una gran hazaña curar a tu hermano; para eso era para lo que te estaba preparando tu entrenamiento.

Laura: *Es por eso que ahora estas flores ya no me hablan. Yo no lo comprendía antes... oh, mi corazón me duele. Fueron esas flores quienes tuvieron que sanarlo. Dejé ese otro país porque no me gustaban sus flores. Pero ahora veo que toda la sanación con flores era con ese fin; lo hicimos. Aquí, en este país, las flores no me hablan porque no tienen que hacerlo.*

Joanna: Realmente afloró de ti estando él en la tumba.

Laura: *He estado un poco enferma desde entonces.*

Joanna: Fue un gran logro.

Laura: Mi esposo es bueno. Me cuida y cuida a mi hija.
Joanna: Fue un gran logro. Nadie estaba seguro de si tú lo lograrías. Pero tú sabías que tenías una misión y que había algo importante por hacer.
Laura: Las flores me hablaron y me dijeron qué hacer. Cuando estuvo claro que ellos querían matar a mi hermano, las flores me dijeron que se me permitiría mejorarlo. Las flores me lo dijeron, así que yo estuve preparada. Yo era joven, tenía unos trece años, pero todas las personas sabían que yo tenía un don con las flores. Y, debido a mi infancia inusual, ellos me permitieron decirles qué hacer. La herida fue mi mayor reto... el sangrado era tanto que él hubiera muerto. La flor debía ser colocada ahí muy rápido. Más que eso, la conexión con su respiración. Tuvimos que poner algunas flores en su nariz y su boca para que el perfume desencadenara nuevamente su respiración. Algunos hombres fuertes estaban masajeando su corazón. Mi principal concentración eran las flores en la herida para poder cerrarla.
Joanna: ¿Lucas estaba ahí con sus cristales?
Laura: Cuando puse las flores en la herida, pensé que la lavanda ayudaría con la sanación. Entonces los cristales se utilizaron en su cabeza y garganta para desencadenar la energía en el tercer ojo y en la garganta y el plexo solar. Las personas con los cristales los tenían por debajo y por encima de él, señalando hacia su médula espinal. Yo tuve que trabajar con las flores en la herida. Las flores me hablaban... fue maravilloso verlo.
Joanna: Fue maravilloso hacerlo. ¿Quieres platicarme algo más sobre aquella época?
Laura: Yo me volví débil y me fui a dormir en el jardín; más tarde se me llevó a la casa porque estaba enferma. Entonces, en poco tiempo se nos dijo a mi mamá, mis hermanos y a mí que debíamos irnos. Y mi tío se había preparado para esto, tanto como se preparaba para todo. El tío José era una persona poderosa y, debido a que él sabía qué estaba sucediendo, pudo planear por adelantado. Así todo fue arreglado para que pudiéramos marcharnos.
Joanna: Dejaste tanto por detrás, pero debías dejarlo ahí.

Laura: Mi hermano está vivo, ¡funcionó! Lo sabíamos, pero muchos de sus seguidores no lo sabían... pero para ese entonces yo ya estaba enferma y débil. Recuerdo haber sido llevada cargando desde la casa por la noche... después se me cargó cuesta abajo hacia el barco. Creo que ya tenía fiebre para entonces. Solo comencé a mejorar en el barco. Entonces, comencé a amar el mar y la canción del mar, y a mi madre que me cantaba como solía hacerlo. Mi madre es un ser muy, muy maravilloso. Ella está en la isla de Avalon, pero yo no puedo ir ahora porque estoy enferma. Pero lo hicimos, cumplimos nuestra profecía, hicimos lo que debíamos hacer.

Joanna: ¿Alguna vez lograste llegar a la isla de Avalon?

Laura: Se me llevó hacia la isla de Avalon, pero para entonces yo ya prefería vivir a un lado del mar, me sentaba bien. Esa hermosa bahía, la bellísima colina. Yo vivía ahí. Amaba ese lugar y me quedé ahí. Visité a mi mamá cuando estuve un poco mejor.

Joanna: ¿Ella aún estaba en la isla de Avalon?

Laura: Sí, ahí estaba. Y tienen una gran comunidad ahí. Nosotros teníamos una más pequeña junto al mar.

Comentario de Stuart: Parece probable que Laura Clare vivió cerca de la Bahía de Lyme en Dorset. Esto debió haber sido cerca de una de las rutas que utilizaban para mover estaño desde Cornwall hacia el norte de Gaul. Emma sintió claramente una conexión fuerte con esta área y eligió vivir ahí en esta vida actual. A menudo encontramos que la gente se siente fuertemente atraída hacia áreas en que experimentaron una vida pasada poderosa o significativa.

La sesión continúa:

Joanna: Tengo entendido que, en el área de Avalon, en donde estaban, tienen una tradición oral, pero también imprimían el conocimiento entre las piedras.

Laura: De la misma forma en que yo le hablo a las flores y las flores me hablan, en aquél pueblo antiguo la gente le hablaba a las piedras y las piedras les hablaban a ellos. Esa gente druida sabía que la piedra es un ser dorado, tanto como lo es una persona. Y ellos podían hablarle a las piedras, así es como lograron que algunas de ellas se movieran para lograr la forma que ellos quisieran.

Joanna: ¿Alguna vez se casó tu hermano?

Laura: *Mi hermano tenía a su hermosa esposa, María. Y María nos enseñó tanto, porque ella y mi hermano eran una pareja equitativa, y esto era inusual; nosotros aprendimos cómo ser un hombre y una mujer por igual, como una mano derecha y una izquierda balanceándose la una a la otra, ambas de igual importancia. Aprendimos de ellos; ellos eran la pareja perfecta, eran nuestros maestros. Al estar con ellos, aprendimos muchas cosas.*

Joanna: Porque muchas cosas se aprenden tan solo con estar con personas especiales.

Laura: *Sí, y yo le podía preguntar a María. Yo podía acudir a ella y contarle si tenía algún problema.*

Joanna: ¿Entonces María era un poco más grande que tú?

Laura: *Sí, yo era mucho más chica.*

Joanna: Me está pareciendo que tú tenías un lugar especial en su corazón.

Laura: *Ella era mi maestra.*

Joanna: ¿Sabes en dónde tuvo María su primer entrenamiento?

Laura: *María tenía sus propios maestros, las sacerdotisas egipcias. Ella y yo nos conocimos en una época previa en Egipto. Es por eso que ella me reconoció de niña y me enseñó muchas cosas. Nuestra familia era judía, pero yo había sido egipcia en una vida previa. Ella fue entrenada desde niña a cumplir su profecía. Ella era un ser maravilloso. Había sido mi suma sacerdotisa en esa vida anterior en Egipto, partes de la cual yo recordaba en ocasiones, y la recordaba a ella y cuán maravillosa era. Y en aquella vida, también era mi maestra.*

En Los esenios, hijos de la Luz, fuimos muy afortunados al ser capaces de explorar aquella vida y añadir más detalles al breve vistazo de Clare. Aquí, ella emerge como una personalidad fuerte por sí misma, incluso a sus diez años de edad. Y los fragmentos de su entrenamiento en el uso de flores y hierbas, ayudan a explicar cómo fue capaz de desarrollar un alto nivel de pericia y volverse una figura clave en el proceso de sanación de Jeshua en su tumba. A través de su relato, también nos hacemos idea de la vida en el hogar dirigido por María

Anna, un hogar que tenía un nivel de actividad mucho más elevado cuando Jeshua iba y se quedaba por un tiempo.

Durante esa sesión no sabíamos qué flor había sido utilizada para cerrar la herida, pero la mañana después de la sesión, Emma telefoneó a Joanna en un estado de gran emoción. Le contó cómo se había despertado temprano con el recuerdo de que, en algún lugar de su colección, tenía un libro sobre flores de esa región. Cuando lo encontró, ese libro resultó ser Wild Flowers of the Holy Land por el destacado naturista israelí Uzi Paz. Hojeándolo, Emma descubrió la flor parecida a la daisy, que había visto en su sesión. Florece en primavera y su nombre en latín es «Calendula Palaestina». Con gran excitación, le dijo a Joanna: «¡Yo sané la herida con caléndula, justo como sanaría una herida hoy en día!» Para Emma, este descubrimiento fue una gran confirmación de la validez de lo que había experimentado durante el proceso de regresión el día anterior.

La historia de Laura es sobresaliente y arroja luz sobre muchas áreas, de las cuales no es menos importante el proceso de sanación en la tumba y la recuperación de Jeshua después de la crucifixión, la cual tocamos en Los esenios, hijos de la Luz. La responsabilidad de ser una de las líderes en el equipo que sanó a Jeshua, recayó fuertemente sobre Laura de tan solo trece años de edad, y ella pagó un precio alto con la enfermedad que experimentó durante su vida como adulta. Sin embargo, tomado como un todo, esta vida tiene un sentimiento positivo debido a sus experiencias tempranas como hermana de Jeshua, las cuales fueron tan poderosas e importantes.

9.
Las discípulas femeninas

Durante otra sesión con Alariel, salió a la luz cierta información bastante importante, escondida por mucho tiempo.

Joanna: Tenemos entendido que había un gran número de discípulas femeninas de Jeshua, adicionales a la lista tradicional de los doce discípulos masculinos mencionados en la Biblia. ¿Cuántos discípulos de Jeshua había en total?

Alariel: Es importante comprender que el sistema de discípulos que Jeshua estableció, estaba designado para reflejar el simbolismo mayor del universo. El balance Dios Padre-Madre se reflejó en un balance de discípulos masculinos y femeninos. Así que había seis círculos de doce, haciendo 72 discípulos masculinos, y seis círculos de doce, haciendo 72 discípulas femeninas, un total de 144 discípulos en total. Los nombres del primer círculo de doce discípulos masculinos ya les ha llegado a ustedes y son correctos. Sin embargo, se sabe mucho menos acerca del primer círculo de discípulas femeninas, y ahora podemos hablar de ello. Antes que nada, tenemos a dos iniciadas avanzadas que eran, francamente, cabeza y hombros por sobre el resto; ellas eran María Anna, la madre de Jeshua, y María Magdalena. Ellas eran iniciadas que habían alcanzado altos niveles de realización espiritual mucho antes de aquella época. Ellas llegaron a Israel como adeptas completamente calificadas, ambas bastante avanzadas a su propia manera. Así que, ellas eran cabeza y hombros por sobre el resto del grupo y eran respetadas como tal.

Comentario de Stuart: Una «adepta» es un término para un alto iniciado, un sabio o alma maestra.

La sesión continúa:

Alariel: Después tenemos a Helena Salomé, quien tomó el nombre matronímico de María. Fuera del grupo familiar se le llamaba comúnmente María Salomé. Ella era hermana de María Anna, por lo tanto, tía de Jeshua. En el relato bíblico de la crucifixión, ella es simplemente llamada Salomé. Se casó con Lázaro, también llamado Zebedeo, y sus hijos, Juan y Jaime, fueron discípulos.

La hermana de María Anna, María Jacoby, tía de Jeshua, fue discípula. Ella se casó con Clopas, también llamado Cleophas, y su hija, Abigail, fue discípula; ella se casó con el discípulo Juan.

Marta de Betania fue una discípula; era hermana de Lázaro.

La hermana de Marta, María, fue una discípula.

María Anna tenía una hermana llamada Rebeca, y su hija Mariam Joanna, sobrina de Jeshua, fue discípula.

El hermano de María Anna, Isaac, tuvo una hija llamada Sara, sobrina de Jeshua, quien era discípula; se casó con el discípulo Felipe.

Laura Clare, también llamada Ruth, una hermana de Jeshua, fue discípula. A pesar de que los nombres griegos eran populares en esa época, (como ejemplos están Helena y Felipe), los nombres latinos eran raramente utilizados por la baja popularidad de la ocupación romana. El nombre «Laura Clare» es una excepción a esto, y surgió debido a que José de Arimatea tenía una gran amiga entre los principales administradores romanos, cuya esposa se llamaba Laura Clare. A través de su hermano José, María conoció a Laura Clare y se volvió su amiga, siendo capaz de ver más allá del prejuicio del tiempo y reconociendo las cualidades de su alma. María llamó a su hija en honor a esta sabia y hermosa mujer romana, pero también le dio el nombre hebreo de Ruth, para que ella pudiera utilizar ese nombre fuera de la familia extendida.

Luisa Salomé, hija de José de Arimatea y prima de Jeshua, era discípula.

Susana María, hija de José de Arimatea y prima de Jesús, era discípula.

Esa es la lista completa de las doce discípulas femeninas del primer círculo.

Comentario de Stuart: lo que emerge claramente de esta lista es que todas estaban emparentadas con Jeshua, ya sea directamente o a través del matrimonio. Es una lista fascinante que resumiremos aquí:

1. María Anna, madre de Jeshua.
2. María Magdalena, pareja espiritual de Jeshua.
3. Helena Salomé, tía de Jeshua y esposa de Lázaro.
4. María Jacoby, tía de Jeshua y esposa de Clopas.
5. Abigail, su hija, prima de Jeshua.
6. Marta de Betania, hermana de Lázaro.
7. María, hermana de Marta.
8. Mariam Joanna, prima de Jeshua.
9. Sara, prima de Jeshua.
10. Laura Clare, hermana de Jeshua.
11. Luisa Salomé, prima de Jeshua.
12. Susana María, prima de Jeshua.

La sesión continúa:

Joanna: Debe haber sido bastante difícil para las discípulas femeninas el brindarle mucho tiempo a Jeshua, tal como hubieran querido, en caso de que tuvieran familias de las cuales cuidar.

Alariel: El segundo círculo de discípulas femeninas brindaba un apoyo enorme al primer círculo, y proveían ayuda cubriendo tareas familiares y de la comunidad, lo que hacía posible para el primer círculo el pasar gran parte de su tiempo con Jeshua. Jeshua reconocía la generosidad y ayuda de corazón, compartidos entre las discípulas femeninas, como un modelo de amor incondicional, y así lo señaló ante los discípulos masculinos, entre los cuales no fue ampliamente comprendido ni muy bien recibido. Los discípulos masculinos se reconocían a sí mismos como maestros y líderes, y veían el rol de las mujeres como escuchas y seguidoras. Así que fue difícil para ellos el aceptar que las mujeres tuvieran cualquier cosa por enseñarles.

Ya que Jeshua puso el amor incondicional como el centro principal de sus enseñanzas, esto volvió aún más irritados a los hombres, quienes hubieran preferido que enseñara alguna doctrina más intelectual o filosófica, basada en la razón, en lugar de la energía del corazón. Ellos se encontraban incómodos en lo que respecta a la energía del corazón, y esperaban elaborar o darle estructura a las enseñanzas de Jeshua en cierto sentido, hacerlas más retadoras intelectualmente y, por tanto, más impresionantes para la mente masculina. Ellos vieron la energía del corazón demasiado vaga e insustancial, y esperaban un set de lógica y conceptos profundos que aprovecharan los altos terrenos del debate intelectual. Ellos veían los grandes dones intelectuales de Jeshua al debatir (especialmente en sus debates con los fariseos que se encontraba), pero no lograban comprender por qué había elegido un fundamento tan endeble para sus enseñanzas, como lo era el amor incondicional.

Comentario de Stuart: Los fariseos eran el grupo rabínico dentro del judaísmo que controlaba el proceso de educación en las sinagogas.

La sesión continúa:

Alariel: Por supuesto que no se atrevían a comentar estas preguntas mientras Jeshua les enseñaba, ya que él tenía una autoridad bastante tranquila, pero firme, y estaba tan claramente mucho más avanzado que todos ellos. Pero uno podía ver esta tendencia trabajando en las mentes del primer círculo de los discípulos masculinos. Y, a largo plazo, a medida que una generación de seguidores de Jeshua seguía a la anterior, este proceso ganó impulso. Hubiera podido haber sido desplazada por un proceso basado en energía y corazón, que siguiera a *lo largo de las líneas de la tradición gnóstica, pero, tristemente, aquella tradición no sobrevivió lo suficiente para crear cambios permanentes en el desarrollo del cristianismo convencional.*

Comentario de Stuart: Los gnósticos eran un movimiento poco consolidado que estuvo activo durante los primeros años del cristianismo. Ellos creían en un estado místico de conocimiento profundo o «gnosis», en el cual el conocedor y conocido se unen y se vuelven uno.

La sesión continúa:

Alariel: Los más atrevidos entre los discípulos no esenios, fueron tan lejos como para murmurar entre ellos que Jeshua había comenzado a «feminizar» la esencia fuerte, heroica y patriarcal del judaísmo, al adoptar tan extraordinaria línea que había en sus enseñanzas. Aquellos entre los discípulos, que tenían simpatía con la posición zelota, como Judas, vieron la enseñanza como promovedora de una debilidad femenina en la consciencia judaica, en un tiempo en que era necesaria una posición resoluta, heroica y atrevida en contra de la ocupación romana. Tomen en cuenta que los discípulos masculinos eran traídos de una cultura judía que aún creía en «ojo por ojo y diente por diente». El salto desde esa posición hasta voltear la mejilla e incluso amar a tu enemigo, era sencillamente demasiado para ellos.

Comentario de Stuart: Los zelotes eran un grupo de judíos extremistas que se veían a sí mismos como guerreros de Dios, y esperaban expulsar a los romanos de Israel por la fuerza.

La sesión continúa:

Joanna: ¿Los primeros círculos de los discípulos fueron los primeros en formarse?
Alariel: Sí, y éstos eran las personas que tenían las conexiones más cercanas a Jeshua. Eran quienes se habían dedicado a jugar un papel bastante activo esparciendo la palabra de las

enseñanzas, antes de encarnar. Ellos viajarían con él a medida que iba por los pueblos durante su ministerio, y observaron a medida que el Camino se desarrollaba. Otras personas que fueron grandes jugadores en esta historia, eligieron otro tipo de trabajo. En el caso del segundo círculo de los discípulos masculinos, tienen, por ejemplo, a José de Arimatea, un jugador bastante importante, pero teniendo tantas otras tareas, no le fue posible ser un discípulo del primer círculo.

Comentario de Stuart: El término «el Camino», se utiliza aquí para describir el sendero espiritual establecido por Jeshua, un sendero encontrado en su forma más pura en el movimiento gnóstico.

La sesión continúa:

Joanna: Parece haber bastante contraste entre las cercanamente relacionadas discípulas femeninas y los discípulos masculinos.

Alariel: Sí. Los discípulos masculinos fueron traídos de distintas áreas de Israel, y algunos eran esenios y otros, no. Esto fue deliberado, para que ninguno pudiera descartar las enseñanzas como un movimiento galileo o un culto esenio.

Las discípulas femeninas estaban destinadas a una tarea más difícil que los discípulos masculinos, ya que ellas se estaban integrando a una sociedad que era tan rígida y patriarcal. El sobrevivir a eso y también ser capaces de trabajar y enseñar, resultaría bastante difícil. Incluso los hombres que creían de forma general en las enseñanzas de Jeshua, no aceptaban a una mujer en un rol de maestra.

Los discípulos hombres eran individuos de mente independiente y no se podría decir que fueran un equipo realmente unido. No había un líder aceptado universalmente entre ellos. Había una fracción convencional, dirigida por Pedro, y una fracción progresiva que incluía a Tomás, Jaime y Felipe. Luego estaba Juan, en algún lugar del centro, intentando mantener la paz, intentando mantener todo junto para que pudieran funcionar como un grupo.

Comparen eso con el grupo de discípulas femeninas, tan diferente. Este era un grupo bastante unido, un grupo que había trabajado hacia este momento, a lo largo de los siglos. Durante muchas vidas habían ganado experiencia en diferentes niveles espirituales. Se habían estado encontrando en diferentes escuelas de misterios; se habían reunido y planeado lo que harían. Así que este grupo había estado trabajando en su proyecto por un largo periodo; fue por esto que eligieron formar su asamblea dentro de un grupo familiar extendido, muchas habiendo nacido alrededor del mismo periodo. Entre las discípulas femeninas, las familias eran bastante entretejidas y cercanas, entonces había una confianza instintiva y gran solidaridad, que simplemente no se veía en el caso de los discípulos masculinos. Las mujeres estaban todas conectadas telepáticamente y formaban una completa unidad telepática.

Además de esta unión, esta cercanía y confianza mutua, tenían la ventaja de tener a una líder, que era María Anna. Cuando María hablaba, todas escuchaban. Ella era una figura matriarcal, una persona bastante importante de autoridad callada. Así que, si se necesitaba conformar una reunión, María lo hacía. Si se necesitaba tomar decisiones, María enfocaba al grupo en el tema y supervisaba que se lograra.

Por tanto, era un equipo bastante unido con una indudable líder; totalmente diferente del primer círculo de discípulos masculinos. Y, sin duda, aquella cercanía de su equipo, y el hecho de que obviamente eran un gran equipo, no le agradaba a los discípulos masculinos, quienes fueron precavidos y desconfiados desde un inicio. Ellos no reaccionaban bien ante un grupo de doce mujeres moviéndose todas con un mismo propósito; encontraban eso bastante inquietante, bastante atemorizante. No lo comprendían, por tanto, ese era otro motivo para que ellos marginalizaran a las discípulas femeninas, y otra razón para sacar todo esto de las escrituras históricas.

Entonces, la historia de las mujeres discípulas es una gran historia, y su tiempo ha llegado. Varios miembros de ese grupo tan unido darán muy pronto un paso al frente para contarnos su parte en la historia.

Joanna: Cuando estabas hablando, casi pude verlas formándose para venir, hablar y contarnos su historia.

Alariel: Sí, ¡su tiempo ha llegado! Otros grupos están trabajando ahora mismo en esto mientras nosotros hablamos. Saldrá a la luz muy pronto y aún tiene que contarse bastante dentro de esta historia. No es tan solo el primer círculo de discípulas femeninas, sino también el segundo, e incluso algunas extensiones del tercer círculo. Muchas de estas pioneras del Camino están listas ahora para contarnos su historia, y es una historia sobresaliente e inspiradora. Muchas cosas fluirán de la información sobre las discípulas femeninas, a medida que se presenten. Es tiempo de un cambio en la consciencia humana. Los roles de empoderamiento y liderazgo de las mujeres, son elementos esenciales para dejar el pasado atrás y comenzar a acceder al potencial completo y la creatividad disponibles dentro de la raza humana como un todo. Si ignoras o menosprecias las habilidades y creatividad de la mitad de tu población, muchos problemas de la Tierra permanecerán sin resolver, sin solución.

Una gran cantidad de información fue suprimida y marginada, pero ahora, después de todos estos años, su tiempo ha llegado para salir al mundo. Y eso es algo bueno, no es prudente suprimir información. Esto también reforzará el reconocimiento de que Dios está balanceado: masculino y femenino; si pretendemos percibir a Dios de forma limitada, masculina, o incluso en una forma limitada hacia lo femenino, eso nos dirige a un desequilibrio y ningún bien ha venido nunca a partir de eso. Así que, todo esto se mueve ahora hacia una dirección, la dirección del equilibrio.

El punto, en su totalidad, acerca del balance entre el sistema femenino y masculino del discipulado, como lo estableció Jeshua, es que esto reflejaba el balance central del Dios Padre-Madre. El Dios Padre-Madre está totalmente equilibrado, integrado y completo. Si intentas sacar ya sea el elemento Padre o Madre de esta ecuación, el resultado es un mayor desequilibrio en la percepción. Cualquier sistema que honre la energía del Padre y niegue la energía de la Madre Divina, carecerá de flexibilidad, sensibilidad, compasión y sabiduría. Tenderá a volverse rígido y frágil, fragmentándose en un número de elementos competitivos.

Esa fue una de las grandes tragedias de la cultura occidental, el que todo el conocimiento de las discípulas femeninas de Jeshua se haya perdido; y ahora es tiempo de restaurar ese conocimiento.

Comentario de Stuart: La existencia (o no existencia) de las discípulas femeninas aún sigue afectando actitudes y decisiones hasta el día de hoy. Por ejemplo, el debate acerca de la cuestión de mujeres en el obispado alrededor del mundo en la iglesia anglicana, ha arrojado el argumento de que es imposible «porque no había mujeres discípulas». A pesar de este conservador punto de vista, las mujeres sacerdotisas han sido consagradas dentro de la comunión anglicana en América por 30 años y, para el 2006, ya había 12 mujeres obispas en esa iglesia episcopal. En junio de ese año, este movimiento por el cambio culminó con la elección de Katharine Schori, obispa de Nevada, como obispa primada de la iglesia episcopal en los Estados Unidos.

La información en este capítulo es parte del material más importante que recibimos de Alariel. La historia secreta de mujeres discípulas es un elemento clave en la cultura occidental, el cual se nos ha negado por mucho tiempo.

10.
Una conferencia angelical

Joanna: Supongo que ha habido mucha preparación angelical para el nacimiento de aquellos que deseaban convertirse en discípulos de Jeshua. ¿Podrías platicarnos un poco sobre esto, por favor?

Alariel: Sí. *Muchas décadas antes del nacimiento de Jeshua, se llevó a cabo una conferencia en la intervida, el tiempo-espacio entre vidas, presidida por el arcángel Miguel. Esta conferencia fue atendida por seres humanos que no habían encarnado y por un número de ángeles, especialmente ángeles que guían y asisten a aquellos preparándose para encarnar. Éstos ángeles incluían a los registradores, quienes llevaban registro de los lazos kármicos y conexiones de almas entre distintos seres. Los seres humanos que estaban encarnados en ese entonces, acudieron a la conferencia durante sus estados de sueño.*

El tema de esta conferencia fue, principalmente, reunir y enfocar a aquellos voluntarios que deseaban asistir en la inminente vida y trabajo de Jeshua. Estos voluntarios incluían a muchas almas que habían trabajado con Jeshua anteriormente, durante varias vidas, y se podría decir que constituían la «familia álmica» que se enfocaba alrededor de él. Todos los maestros espirituales reunieron a un grupo de almas de amigos, colegas, seguidores y simpatizantes, que normalmente desearían encarnar cuando fuera que su maestro estuviese sobre la Tierra. Cuando las almas han trabajado con un maestro por cierta cantidad de vidas, hay una conexión fuerte, pero sutil, que los une a su maestro, y también entre ellos mismos. Esta conexión se vuelve más fuerte con el paso de varias vidas, y es la razón por las que, instintivamente, puedes confiar en una persona que resulta estar dentro de tu familia álmica, incluso si los acabas de conocer. En realidad, los acabas de conocer solo en esta vida, así que todas sus experiencias compartidas y el reconocimiento compartido de la esencia del maestro, los vincula con uniones más fuertes que las de un padre e hijo, o hermano y hermana. Estas son personas a quienes les has confiado tu vida en otras vidas y lugares, y ese tipo de experiencia deja una huella profunda en el alma.

El segundo tema de la conferencia fue comenzar a planear cómo estas almas se reunirían alrededor del maestro en un cierto tiempo y cierto lugar: ese es Israel hace dos mil años. Los ángeles comenzaron a investigar las familias apropiadas para las almas próximas, consultando los registros de las conexiones de almas y uniones kármicas, para que estas almas hubieran alcanzado la edad adulta para cuando Jeshua comenzara su trabajo de enseñanza. Ellos trabajaron para orquestar, no podemos pensar en una mejor palabra, todos los hilos sutiles de estas conexiones, junto con su posible parentesco, para que las almas próximas nacieran en el momento justo.

El objetivo general era la construcción de un equipo fuerte de discípulos alrededor de Jeshua, especialmente aquellos en el primer y segundo círculo de discípulos, ambos, femeninos y masculinos. Se les dio la mayor atención a las conexiones entre las discípulas femeninas, ya que era reconocido que éstas discípulas tendrían la tarea más difícil.

Como han visto a partir de la lista del primer círculo de discípulas femeninas, todas estaban emparentadas con Jeshua, ya sea directamente o a través del matrimonio. Las mayores, María Anna, Helena Salomé, María Jacoby, Marta de Betania y su hermana María, tuvieron tiempo para formar lazos fuertes de amistad y cooperación, antes de que comenzara el ministerio de Jeshua. Las más jóvenes crecieron juntas y redescubrieron viejas amistades de sus primeros años. Todas estas conexiones sirvieron para fusionar el primer círculo de discípulas femeninas en un equipo sencillo, dedicado y unido, cuya intensa lealtad y uniones intuitivas les permitía pensar, sentir y actuar como una.

Los discípulos masculinos, conteniendo algunos parentescos, pero proviniendo de distintas áreas de Israel, nunca alcanzaron este nivel de cercanía y coordinación, ni lo necesitaron. Su tarea era presentar un espectro diferente, para que el Camino nunca se descartara como una rama rebelde de la gran familia esenia. El poder y compromiso de los discípulos masculinos dentro del primer círculo era tal, que se les hubiera tomado en serio, incluso si se encontraran solos.

Las discípulas femeninas, trabajando dentro de la sociedad judaica de aquella época, inflexible y patriarcal, nunca estuvieron en una posición afortunada. Si no podían permanecer juntas, tenían poca oportunidad de influenciar a nadie divulgando las ideas y enseñanzas de Jeshua. Sencillamente no hubieran sido tomadas en cuenta como mujeres aisladas en una sociedad rígida. Así que, sus conexiones de familia cercana, resultado de conexiones de alma desarrolladas a través de muchas vidas, eran una parte necesaria para asegurarse de que pudieran realizar su trabajo. Por tanto, cualquier debilidad potencial en este grupo era convertida en fortaleza a través del gran trabajo de muchos ángeles en la conformación de esta agrupación, y por la buena voluntad y la remarcable calidad de corazón de todas dentro del grupo. Si buscáramos un buen ejemplo del Camino que enseñaba Jeshua, podríamos citar la colaboración armoniosa dentro de este grupo de mujeres. Y esto es aún más notable cuando se compara con la rivalidad, tensión y recelo que caracterizaba las relaciones entre algunos miembros del grupo masculino.

Comentario de Stuart: Encontramos fascinante el relato de esta Conferencia. Aquí se puede ver la temprana planeación, uniendo cada hebra para que el equipo alrededor de Jeshua, hombres y mujeres, pudieran estar en el lugar correcto en la época vital de su ministerio. A medida que los esenios trabajaban para apoyar y proteger a Jeshua en el plano de la realidad física, había otro equipo trabajando a nivel angelical para asegurar el éxito de toda la operación.

Comentario de Joanna: Este relato de Alariel me recuerda una experiencia que tuve anteriormente en esta vida. Meditando, he recordado que tuve una reunión en la intervida, antes de venir a esta vida. Todos mis amigos y parientes se reunían alrededor, y era como si estuviéramos eligiendo papeles para una obra. Todos estábamos decidiendo qué roles jugaríamos en la vida de los demás, ofreciéndonos voluntarios para ser el hermano, amigo, compañero de trabajo y más. Incluso estábamos representando diferentes partes como si se tratara del ensayo para la obra. También discutimos cuándo y en dónde nos encontraríamos en esta siguiente vida, un acuerdo bastante flojo con cierto grado de flexibilidad. Hasta ahora, la mayor parte de esos personajes ya ha aparecido en mi vida, ¡pero aún faltan algunos por venir! Stuart y yo aún estamos reuniendo viejos miembros de la familia esenia y yo espero que esto continúe.

En ocasiones, el conocer a alguien de la familia álmica puede llegar a ser bastante emotivo, con mucha energía del corazón, como encontrarse con un viejo amigo a quien no has visto por mucho tiempo. Pero, en ocasiones, solo uno de ustedes es quien recuerda.

11.
Las dos Marías

Joanna: Platícanos por favor acerca del contraste entre María Anna y María Magdalena.

Alariel: El contraste era muy marcado. Ambas eran iniciadas experimentadas y mujeres empoderadas, pero sus personajes eran muy diferentes.

María Anna era una persona de una autoridad tranquila y callada. Había una gran sensación de claridad a su alrededor y su dedicación hacia la Luz resplandecía en todo lo que realizaba. Actuaba como el ancla espiritual y base para el grupo del primer círculo de discípulas femeninas, ya que estaba bien calificada para serlo y había sido una alta iniciada desde los días de Akenatón en Egipto. Era una de las más brillantes joyas en la principal escuela de misterio egipcia de ese tiempo, y alcanzó un balance y empoderamiento espiritual que la hacía la líder ideal para el primer círculo de discípulas femeninas.

Algunas personas malinterpretaban la tranquilidad de los modos de María con docilidad o debilidad, pero cuando la miraban a los ojos, veían una característica de determinación inquebrantable e inamovible que los sorprendía. Pocos fueron lo bastante tontos para comenzar a discutir con María Anna, pero esa mirada de determinación los hacía cambiar de parecer rápidamente. Cuando miras a los ojos a un ser con tal firmeza, tal integridad y tal dedicación, sabes que cualquier argumento es inútil.

Cuando dirigía las reuniones de las discípulas femeninas, María Anna daba inicio a la discusión, pero a partir de ese punto mencionaba poco. Permitía que todas dijeran algo y se expresaran completamente, y únicamente cuando algún asunto se había discutido exhaustivamente, lo concluía con *un resumen balanceado y moderado, que actuaba como un consenso justo para todo el grupo.*

Comentario de Stuart: Al leer el relato bíblico, uno adquiere la impresión de que la Madre María era sobrecogida por los eventos que ella ni esperaba ni podía comprender en su totalidad. Y hay también un sentimiento de que María llegaba confundida al lugar, o de cierta manera, sin preparación. De cualquier forma, esta información de Alariel nos da una imagen bastante diferente. Aquí, María es vista como quien trabajaba en esta época vital a través del logro de altos niveles de conciencia dentro de la principal escuela de misterio egipcia. Ya que Akenatón vivió unos 1300 años antes de que Jeshua naciera, y María era una alta iniciada en ese entonces, comenzamos a tener un vistazo del alma maestra de gran fuerza interior y dedicación perdurable hacia la Luz. Y fue la Luz, simbolizada por el disco solar, lo que formó el enfoque central de la visión de Akenatón del universo.

La sesión continúa:

Alariel: María Magdalena tenía un temperamento muy diferente. Poderosa, ansiosa y entusiasta, el fuego de todo su compromiso con la Luz ardía dentro de ella como una flama brillante. Era una promotora apasionada de la verdad y la justicia, pero en su celo, podía ocasionalmente exagerar el caso, algo que María Anna nunca haría. Si el empoderamiento de María Anna se expresaba en su equilibrio y moderación, el empoderamiento de María Magdalena se manifestaba en la efusión confidente y alegre de su energía y amor.

Pedro, quien tenía problemas para relacionarse con mujeres empoderadas y quien siempre tuvo verdaderos problemas con Helena Salomé, tuvo también problemas con María Magdalena desde el comienzo. La libertad y poderosa expresión de su opinión, que pudiera parecer franca, abierta y comprometedora para un hombre, irritaba bastante al Pedro patriarcal. Mientras que él nunca se atrevería a cuestionar a María Anna, una sola mirada a esos ojos lo hubieran silenciado, el cuestionar y, sin duda criticar a María Magdalena, era algo que Pedro hacía con frecuencia.

Comentario de Stuart: Para más información acerca de las dificultades de Pedro con Helena Salomé, vean La estirpe del Santo Grial por Laurence Gardner, página 102.

La sesión continúa:

Alariel: Él resentía profundamente la cercanía de ella hacia Jeshua, y deseaba promover los intereses de los discípulos masculinos y minimizar la importancia de la mujer. No podía soportar el pensamiento de Jeshua diciéndole a María Magdalena cosas que él necesitaba saber, el líder obvio (al menos ante sus propios ojos), de los discípulos masculinos. Por encima de todo, Pedro no podía aceptar la estructura básica en que el Camino se transmitiría: después de que Jeshua los dejara, las enseñanzas se darían de dos formas; las enseñanzas externas se transmitían por la mayoría de los discípulos masculinos, dirigidos por Pedro, quien debía ser la roca, la base de este nuevo movimiento; mientras que, las enseñanzas internas (los misterios internos del Camino), serían enseñadas por Juan, Jaime, Tomás y Felipe, siendo liderado este grupo por María Magdalena.

María, entrenada en la iniciadora escuela de misterio de Egipto, era ampliamente familiar con este patrón de enseñanza, ya que era un método mucho más utilizado en las escuelas de misterio a lo largo de la región. Ella vio las dos ramas de la enseñanza como mutuamente complementarias, ya que el grupo externo sería abierto y público, y restaría atención del interno, que, en cualquier caso, necesitaba un ambiente más tranquilo para realizar el trabajo sutil a lo largo de las líneas esotéricas y gnósticas. A su parecer, los seguidores más avanzados del Camino, naturalmente gravitarían con el paso del tiempo desde el grupo externo hacia el interno, y esto le daría a todo el movimiento cierta fluidez, un patrón de desarrollo, cierta riqueza de experiencia potencial que un nivel por sí mismo nunca podría proveer.

Cuando Jaime y María intentaron explicarle este plan de dos partes a Pedro, después de la crucifixión, él lo descartó de inmediato por impráctico. Él vio a los seguidores de Jeshua como un ejército asediado y consideraba cualquier tipo de división como una separación y debilidad de sus fuerzas. Además, Pedro no toleraba la idea de un líder rival, y un líder que resultaba ser mujer era demasiado inconcebible para él. Él vio este movimiento de Jaime y María Magdalena como un intento por debilitar su liderazgo, y simplemente no lo toleraría. Al tomar esta posición, Pedro comenzó la brecha entre la corriente principal para la enseñanza del Camino (que con el tiempo se convirtió en las iglesias católica y ortodoxa), y su contraparte gnóstica. Esto condujo a una última persecución y eliminación de todos los gnósticos como herejes, una persecución que, paradójicamente, fue llevada a cabo por una parte del movimiento, la iglesia externa, que había sido diseñada para nutrirlo y protegerlo.

Por tanto, el choque de personalidades entre Pedro y María Magdalena tenía profundas implicaciones para el desarrollo de la cristiandad, implicaciones cuyos efectos se sienten hasta la fecha. A pesar de que el aspecto externo del Camino pudiera desarrollarse (como lo hizo) a lo largo de líneas religiosas y convertirse en una iglesia, el aspecto interno nunca fue realmente una iglesia, sino al contrario, un movimiento espiritual de almas libres emparentadas. Un movimiento en el cual el enfoque principal y la fuerza impulsora era la espiritualidad y no la religión. De la misma manera en que el islam tiene el movimiento sufista y el judaísmo tiene el místico Cábala, así la cristiandad tendría su propia médula mística y gnóstica, y la pérdida de ésta médula la ha dejado con una herida permanente de la cual la espiritualidad nunca se ha recuperado.

Joanna: ¿Por qué razón Jeshua no aclaró que habría esta estructura dual?

Alariel: *Porque él sabía que Pedro tendría la mayor dificultad aceptando el rol vital de María Magdalena, y probablemente habría intentado aislar a María y la habría excluido del grupo interno alrededor de Jeshua. Jeshua deseaba que ellos se movieran hacia el momento de la crucifixión de una forma tan unida como pudieran, y esperaba que el shock de los eventos traumáticos en ese entonces, sensibilizaran a Pedro para que pudiera aceptar un papel más grande para María Magdalena. Si esto hubiera sucedido, y si Pedro y María hubieran avanzado de forma unida, la historia de occidente pudiera haber sido distinta, y el papel de liderazgo de las mujeres dentro del cristianismo pudiera haber sido aceptado desde un inicio.*

Joanna: ¿La cristiandad se dañó demasiado con esta separación iniciada en aquél entonces por María y Pedro?

Alariel: Sí, se dañó tan profundamente que no pudo cumplir su propósito como Jeshua había planeado. Sin la contraparte que balancea la escuela de misterio, la iglesia es como un reloj sin alguna parte de su mecanismo. En cierto sentido, no han experimentado aún el cristianismo en realidad, solo el fragmento incompleto de la historia que se les ha transmitido. Por favor no juzguen esto. Ese fragmento incompleto ha ayudado e inspirado un sinnúmero de personas desde sus cimientos, pero pudo haber sido infinitamente más efectiva como una forma de pisar el sendero espiritual que conduce hacia la Luz. Siempre ha de ser preferido un sistema equilibrado a uno sin balance, y solo uno equilibrado puede ayudar a los seres humanos a percatarse de la totalidad de su potencial.

Comentario de Stuart: Cuando alguien se da cuenta de que la división entre los elementos progresivos y tradicionales estuvo presente desde el inicio de la historia cristiana, hace más fácil la comprensión del subsecuente patrón de desarrollo. Lo que es interesante aquí, es la forma en que el choque de personalidades, convencional y patriarcal de Pedro, y la franca y progresiva de María Magdalena, establecen el movimiento de los neumáticos de la historia hacia una cierta dirección. Tristemente los pioneros del cristianismo, que vinieron después de Pedro y María, fueron incapaces de corregir esta divergencia inicial, y la separación, que pudo haber sido únicamente un incidente temporal, se convirtió en la tendencia general que resultó en la destrucción del movimiento gnóstico.

La sesión continúa:

Joanna: ¿El balance entre la iglesia externa y la escuela de misterio interna era práctico y enérgico o simbólico?

Alariel: Era ambos. El equilibrio entre la iglesia externa y la escuela de misterio interna fue diseñado para proveer un sistema práctico y efectivo de desarrollo espiritual, pero también fue un reflejo de la esencia natural del universo. La iglesia externa representa el Dios Padre y también al sol, conocimiento, estructura, ritual y forma. La escuela de misterio interna representa la Diosa Madre, también la luna, sabiduría, flujo, proceso y vida. Ninguno está completo sin el otro, y juntos manifiestan la totalidad del Camino.

Los verdaderos gnósticos no fueron solo conocedores de la verdad, sino conocedores del Camino. Dentro de ellos, el conocimiento y la sabiduría, la estructura y el flujo, el ritual y el proceso, se unían en la unidad, tal y como las energías masculina y femenina se unen en la culminante totalidad del Ser. Aquí, todas las energías del equilibrio se unen hacia la totalidad de la experiencia humana. El cristianismo se diseñó para dirigir hacia esto. Este era el camino equilibrado de desarrollo espiritual en el que Jeshua trabajó para establecer sobre la Tierra, y esto fue, tristemente, lo que fue rechazado a favor de un solo lado de la presentación, que valoró la forma, pero rechazó la vida.

¿Será ahora demasiado tarde para sanar la brecha, para asumir ambas, la forma y la vida, dentro de un sistema equilibrado de dos lados, la iglesia y la escuela de misterio? ¿La estructura masculina reconocerá la importancia de la sabiduría femenina; y la heredera de María Magdalena dará un paso al frente para equilibrar al heredero de Pedro?

Ya lo veremos.

12.
Jeshua y María Magdalena

Hemos ya explorado la relación entre Jeshua y María Magdalena hasta cierto punto en Los esenios, hijos de la Luz, pero nos percatamos de que Alariel pudiera ser capaz de llevar nuestra comprensión a un nivel mucho más profundo. Así que nos armamos de valor y formulamos la gran pregunta:

Joanna: Ha habido mucha especulación recientemente acerca de si Jeshua y María Magdalena estaban casados. ¿Lo estaban?

Alariel: Jeshua y María Magdalena eran compañeros espirituales. Sí, pasaron por una ceremonia de matrimonio, la boda en Caná, pero ellos no eran esposo y esposa en el sentido convencional. Ellos tenían un trabajo importante por hacer juntos y el matrimonio era simplemente el camino más efectivo para lograrlo dentro de las costumbres sociales rígidas de esa época.

Diversas fuentes, incluida El Enigma Sagrado/ the Holy Blood and the Holy Grail (página 349), han indicado que Jeshua nunca hubiera sido consultado acerca de la provisión de vino en la boda de Caná si él hubiera sido simplemente un invitado. En cambio, de haber sido el novio, hubiera sido perfectamente apropiado llevar el problema ante él.

También ha habido una gran cantidad de especulaciones acerca de la existencia de un linaje proveniente de Jeshua y María Magdalena hasta el día de hoy, incluidas las «Santas familias de Gran Bretaña» y los reyes merovingios. Todo esto depende de la cuestión central de si Jeshua y María Magdalena tuvieron hijos.

La sesión continúa:

Joanna: ¿Jeshua y María Magdalena tuvieron hijos?

Alariel: Ah, esta es una pregunta clave. Regresaremos a ella más adelante, pero por favor intenten mantener una mente abierta sobre esto de momento.

Comentario de Stuart: Esta respuesta fue bastante frustrante para nosotros en ese momento, ya que percibíamos que Alariel sabía mucho más de lo que estaba listo para decirnos aquí. Pero había prometido «regresar a ella», así que intentamos ser pacientes. Por el momento, formulamos una pregunta más general sobre el mismo tema:

Joanna: ¿De dónde proviene el deseo de negar que Jeshua y María Magdalena estaban casados?

Alariel: La tendencia a negar que Jeshua estaba casado, y mucho menos casado con una figura tan controversial como María Magdalena, vino en primer lugar de lo profundo de la hermandad esenia. En aquella era, era aceptado que un rabino fuera casado, pero Jeshua no era un rabino cualquiera, él era el maestro esenio de la rectitud. Los sacerdotes esenios, algunos de ellos casi obsesionados con el concepto del puritanismo, insistieron en que su maravilloso y tan esperado maestro de la rectitud, debiera ser prístino y separado, por sobre y más allá de todas las cosas terrenales.

Los hermanos de la ley, por otro lado, eran mucho más abiertos a la verdad de la relación entre María Magdalena y Jeshua. Sabiendo que, incluso entre sus propios rangos estaban tan profundamente divididos acerca de este tema, los esenios decidieron mantener el matrimonio de Jeshua y María en secreto, inclusive para los discípulos no esenios. Los esenios eran demasiado buenos presentando un frente unido ante el mundo y esto lo hicieron aún más eficazmente. Esa actitud se esparció hacia otras partes de la sociedad judía, así que se dio por sentado que Jeshua no se había casado nunca. Tan solo ahora la verdad está saliendo a flote, después de que ha pasado todo este tiempo; y el verdadero rol de María Magdalena, y la deuda que tiene el mundo hacia ella, está volviéndose reconocida públicamente.

Joanna: ¿Era esencial, para cuestiones espirituales, que Jeshua y María Magdalena trabajaran en estrecha relación?

Alariel: Sí, completamente esencial. *La energía requerida para iniciar un avance significativo, necesita estar balanceada antes de que aparezca completamente manifestada sobre la Tierra. Anclar la energía cósmica del amor, amor incondicional, sobre la Tierra, era un proyecto mayor y necesitaba energía poderosa y equilibrada. Ningún ser humano hubiera podido completar esa tarea. El proceso de crucifixión fue parte de esto, pero solamente una parte. Otra parte fue la vida que compartían Jeshua y María, mezclando y alineando sus energías y formando una misma Estrella de unidad, un vórtice energético que creaba un portal a través del cual ésta energía de amor podría descender completamente y se anclaría sobre la Tierra. Esta energía ha estado disponible durante mucho tiempo para pocos avanzados, pero la humanidad, como un todo, no podía acceder a ella antes de que Jeshua y María la anclaran a través de su enfoque equilibrado. Jeshua y María Magdalena trabajaron juntos en esto y deberían ser honrados juntos.*

Jeshua y María Magdalena, a través de su gran interés e invocando ayuda angelical mayor, fueron capaces de crear un vórtice de energía que funcionaba como portal, a través del cual la energía cósmica del amor pudiera descender hasta las condiciones vibracionales de la Tierra, y anclarse de forma segura en la realidad de la Tierra. Si esta energía no hubiera sido anclada de forma segura, aquellos que vinieron después de Jeshua no hubieran sido capaces de fijarla en sus consciencias y, por ende, no hubieran podido aplicar esa energía en sus vidas. La vibración del amor cósmico hubiera sido entonces demasiado sutil para que sus consciencias la tomaran y mantuvieran. Si eso hubiera sucedido, Jeshua se hubiera convertido en una figura mística y legendaria que ninguna generación futura hubiera podido entender y, por lo tanto, nadie hubiera podido seguirlo de manera efectiva. Hubiera pasado al mundo de las leyendas y mitos, y sus enseñanzas pronto se hubieran olvidado.

El gran torrente de esta energía espiritual de amor, afectó todo el proceso evolutivo del desarrollo humano. Si observan el arco de la historia humana, hubo un incremento constante en la densidad de la existencia física, comenzando en Lemuria, acelerándose durante el periodo atlante y alcanzando un punto alto de densidad física (y un bajo punto de sensibilidad espiritual correspondiente) durante el imperio romano. El punto en el cual Jeshua nació fue el punto más bajo de espiritualidad en este planeta, el punto más bajo del arco de involución. El hecho de que Jeshua y María Magdalena movieran la consciencia humana hacia adelante en una espiral ascendente, abrió muchas nuevas oportunidades para que los seres humanos elevaran su vibración y accedieran a más altos niveles de consciencia, frecuencias más sutiles de Luz y Ser, que no hubieran sido posibles dentro del espiral descendente previo.

Al cambiar el espiral involutivo hacia uno evolutivo ascendente, Jeshua y María salvaron a la humanidad de un largo periodo de experiencias a un nivel mucho más bajo. Si esta energía de amor no se hubiera anclado en la realidad de la Tierra en ese momento, ustedes aún estarían viviendo bajo el dominio mundial de un imperio romano tan depravado que apenas y podrían comenzar a imaginar las profundidades hacia donde se hubieran hundido. En lugar de haber volteado y de haberse movido hacia arriba a la Luz, de ese momento en adelante, su planeta se hubiera hundido aún más profundo hacia la oscuridad y la desesperanza.

La colaboración de Jeshua y María Magdalena salvaron a la humanidad de todo eso y, en este aspecto de su trabajo, todo el mundo tiene razones para estar agradecidos con ellos. Jeshua y María Magdalena salvaron a la humanidad de la posibilidad de futuros pecados, no de la carga del karma pasado. Ellos los salvaron de todos los pecados que hubieran sido cometidos si la oscuridad hubiera continuado esparciéndose y el arco descendente de involución no se hubiera volteado hacia arriba hacia el arco de evolución espiritual. Jeshua y María Magdalena son, en conjunto, los salvadores de la humanidad y deberían honrarse como tal.

Encontramos bastante asombrosa esta parte del testimonio de Alariel y, ciertamente, arroja nueva luz sobre la importancia de María Magdalena. La idea de Jeshua y María como salvadores en conjunto es demasiado poderosa, y cambia el enfoque de un contexto cristiano hacia un nuevo paradigma de desarrollo espiritual.

13.
El legado de Magdalena

Durante una sesión en la que Cathie Welchman estuvo presente, nos enfocamos en la posición de María Magdalena dentro del mundo cristiano.

Cathie: ¿Por qué eligió la iglesia darle tan mala reputación a María Magdalena?
Alariel: María Magdalena ha sido durante siglos un gran problema para la iglesia. En los primeros días del cristianismo, no se comprendía que la totalidad del universo está equilibrado desde Dios Padre-Madre hacia abajo. Ya que esto no era comprendido, el papel de las mujeres como líderes y portadoras de sabiduría no podía comprenderse tampoco, y una mujer poderosa parecía ser una amenaza para toda la estructura patriarcal de la iglesia. Así que, ¿cómo lidiar con una mujer empoderada? La marginalizas y malignizas. Dices que es una prostituta y esperas que nadie le preste atención.
Joanna: ¿Entonces la iglesia no era capaz de entender la verdadera importancia de María Magdalena y el significado de su trabajo?
Alariel: Sí, bastante incapaces. Ella trabajó con Jeshua para anclar la energía del amor incondicional en la fábrica vibracional de la Tierra, el campo energético. Su vida juntos y el equilibrio de sus energías a medida que trabajaban uno al lado del otro, hizo esto posible. Esto se ha olvidado, o, para ser más exactos, nunca se ha comprendido. La parte de María Magdalena en todo esto no ha sido para nada reconocida.
Cathie: ¿Cómo lo hizo? ¿Cómo logró anclar la energía?
Alariel: Ancló la energía al ser la compañera espiritual y la colaboradora cercana de Jeshua. Y también tolerando toda la negatividad que venía de los judíos patriarcales a su alrededor, mientras permanecía en ese centro de amor incondicional.
Cathie: ¿Fue criticada por haber estado casada antes?

Alariel: No, no había estado casada antes. Había estado casada en un nivel sagrado en la orden de Isis: se había casado con Isis, con la esencia de la verdad y la sabiduría. El hecho de ser una sacerdotisa de un culto egipcio, algo que era conocido por los fariseos como un culto alienígena y pagano, no le hizo ningún bien ante los ojos de los judíos convencionales.

Cathie: ¿Es por eso que ellos la criticaban?

Alariel: Sí. Ante sus ojos, hubiera sido mejor que fuera una prostituta. Una buena y honesta prostituta hubiera sido vista con cierto desagrado, pero no con el miedo y aversión con que los fariseos miraban a María Magdalena.

Cathie: ¿Ya que estaban asustados por su poder?

Alariel: Sí. Al pasar por las iniciaciones Isis, se convirtió en una Diosa viviente. ¿Acaso los hombres patriarcales no están siempre asustados de las Diosas? Ellos no tienen armas para luchar en contra de una Diosa viviente. No había arma válida que pudieran utilizar de forma honesta en la luz, así que solo tuvieron las armas de la oscuridad para usar en contra de ella, las mentiras y distorsiones.

Cathie: Ellos también hicieron algo más interesante, y es el hecho de hablar, en el caso de Jeshua, de «todos sus seguidores», pero María Magdalena parecía estar completamente sola. ¿Es que no tenía seguidores como sacerdotisa de Isis?

Alariel: Ella tenía bastantes seguidoras dentro de las discípulas femeninas de Jeshua. Ella era, si así lo prefieren, segunda al mando de este grupo. Si toman al primer círculo de discípulas femeninas, María Anna, madre de Jeshua, era definitivamente la líder. Ella tenía más experiencia que cualquiera en este grupo, pero María Magdalena estaba casi a su nivel. María Anna podría haber ascendido anteriormente, en los tiempos de Akenatón, cuando presidió la principal escuela de misterio en Egipto alrededor de 1300 años antes de que Jeshua naciera.

Cathie: ¿Así que María Anna también estaba bastante involucrada con Isis y el sistema egipcio?

Alariel: Claro que sí. María Anna era un ser bastante avanzado, pero la iglesia no le ha dado crédito por eso. Ella podría haber ascendido hace mucho tiempo, pero se quedó para realizar este trabajo en específico. Y María Magdalena estaba casi al nivel de María Anna, así que había dos iniciadas bastante avanzadas dirigiendo el grupo de discípulas femeninas.

Joanna: Toda esta información acerca de María Magdalena será de gran sorpresa para mucha gente.

Alariel: *Sí, pero ya ha llegado el tiempo para esa idea. Seamos claros sobre lo que está implicado aquí: que Jeshua tuvo una pareja de gran alcance espiritual. Y que María Magdalena logró un nivel de entendimiento que va más allá que cualquier discípulo masculino, con la única excepción de Juan. Considera los efectos que esto puede traer para las iglesias. ¿Serán capaces de adaptarse a estas nuevas ideas, o deberán retraerse hacia un desfase temporal de irrelevancia autoimpuesta? ¿Cómo pueden retroceder el reloj cuando el tiempo para el cambio está encima de ellos?*

A partir de todo esto emerge una pregunta principal:

¿Cómo puede cualquier organización cristiana negar los roles de liderazgo para mujeres, cuando una mujer fue la pareja espiritual, más cercana colaboradora y compañera electa de su Fundador?

14.
Algunas preguntas clave

El primer correo electrónico que recibimos de un lector cuando Los esenios, hijos de la Luz se publicó, provino de Gaynel Andrusko en Colorado. La respuesta positiva de Gaynel y su entusiasmo llegó en buen momento porque no teníamos idea en ese entonces de cómo sería recibido el libro. Gaynel nos mandó un correo electrónico con una larga lista de preguntas inteligentes y, cuando tuvimos oportunidad, se las formulamos a Alariel. También hemos añadido algunas preguntas complementarias de nosotros mismos.

Joanna: ¿Hubiera sido posible para Jeshua el tomar una dirección diferente en su vida, para que no fuera crucificado, sino que continuara enseñando el nuevo Camino, para que este Camino floreciera?

Alariel: Esta es una pregunta bastante interesante. Jeshua estaba respondiendo ante las consciencias de aquellos a quienes enseñaba y, si esa consciencia hubiera sido mucho más avanzada, no hubiera tenido que pasar por un proceso de crucifixión. Hubiera podido enseñar de forma mucho más ligera, y las personas hubieran reaccionado más positivamente.

De cualquier forma, la consciencia humana era bastante primitiva en ese entonces. La gran masa de gente era de consciencia bastante lenta y limitada, siguiendo rituales y costumbres obstinadamente, sin tener ningún proceso de crecimiento espiritual.

Joanna: ¿La situación se encuentra mucho mejor hoy en día? ¿Tenemos a más personas trabajando en un nivel de consciencia más alto?

Alariel: Oh sí. Un número mucho mayor de personas ha alcanzado niveles superiores. La habilidad para conectarse con su ser superior y con otras personas a niveles sutiles es mucho mejor, y hay un gran número de personas que están bastante avanzadas. Si hubiera habido esa gran cantidad de personas avanzadas para el tiempo en el que Jeshua vivió en Israel, hubiera hecho una gran diferencia. Ésta también es una época en que mucha gente está despertando y, a pesar de que las almas despiertas aún no son la mayoría, ellos son una minoría notable y expresiva.

Joanna: ¿Las enseñanzas de Jeshua fueron seguidas por mucha gente que lo escuchó hablando?

Alariel: Tristemente, no. Solo unos pocos estaban listos para cambiar sus vidas. Se requiere coraje para enfrentar lo desconocido y dejar a un lado el «pequeño yo», para que puedan renacer como el gran Yo, el YO SOY del espíritu, el que une a todo en Unicidad.

El Camino reta a sus seguidores a convertirse en adultos espirituales y a moverse más allá del miedo hacia el Amor. La humanidad aún no estaba lista para tomar ese gran salto de coraje hace dos mil años, que es el motivo por el cual el impulso cristiano se desarrolló a lo largo de líneas religiosas convencionales.

Comentario de Stuart: Esta es una respuesta interesante, ya que implica que un movimiento espiritual solo puede avanzar a la velocidad que la mayoría de sus seguidores pueda mantener. Sin importar cuán avanzado e iluminado fuera Jeshua, si la mayoría de los seres humanos, en ese entonces, quería y necesitaba una religión tranquilizadora y reconfortante, entonces es eso lo que tendería a emerger a largo plazo.

La sesión continúa:

Joanna: ¿Por qué le temían tanto los fariseos a Jeshua?

Alariel: Porque había una sensación de poder y misterio a su alrededor. Él tenía el aura de un profeta y la gente convencional no está cómoda con los profetas. Pero también porque sus enseñanzas de amor y perdón llevan hacia un proceso transformativo que culmina en un profundo conocimiento de la verdad. Cuando se conoce efectivamente la verdad, no se requiere de ningún sacerdote ni rabino para interpretarla.

Joanna: ¿La iglesia subsecuente evolucionó con el paso de los siglos de forma muy diferente a las intenciones de Jeshua?

Alariel: Sin duda bastante diferente. *La iglesia se desarrolló de forma gradual a medida que los seguidores de Jeshua comenzaron a adaptar las enseñanzas para que éstas pudieran sobrevivir más fácilmente y florecer en el mundo tan hostil de aquella época. El Camino pudo haberse extinguido tan fácilmente en sus primeros dos o tres siglos de existencia; así que las decisiones se tomaron para hacer más poderoso al Camino, más capaz de sobrevivir y más impresionante para aquellos que lo encontraban. Todo esto se realizó con buenas intenciones, pero el resultado fue la construcción de una jerarquía compleja, con doctrinas rígidas y elaboradas, y rituales cuasi mágicos. Al enfrentarse a religiones paganas competidoras centradas en la magia, era inevitable que cualquier nueva religión tuviera la gran tentación de aumentar sus elementos mágicos para sobrevivir y competir.*

Joanna: ¿Uno de los cambios que se hicieron en las primeras iglesias fue la marginación de las mujeres?

Alariel: Sí. *La tendencia a desempoderar y marginar a la mujer ha estado presente desde la época de Pedro, pero se intensificó a medida que la estructura de la iglesia se desarrolló y se volvió más compleja. Se promovió la imagen de la madre de Jeshua como una mujer humilde, confiable y dócil; y fue atacada y denigrada la imagen de María Magdalena como una mujer empoderada y una pionera del cristianismo por mérito propio. Las implicaciones para las mujeres cristianas fueron obvias: la iglesia quería a las mujeres como sus complacientes seguidoras, no como líderes empoderadas.*

Después de que se publicara Los esenios, hijos de la Luz, un aspecto de la historia que se revelaba se volvió el enfoque de preguntas constantes: Si Jeshua no murió en la cruz y se las arregló para salir de Israel a salvo, ¿qué pasó con él después de eso? Nos hemos estado preguntando por bastante tiempo lo que Jeshua hizo después de la crucifixión, y fuimos capaces de darle seguimiento a esta cuestión con Alariel.

Joanna: ¿Qué hizo Jeshua después de la crucifixión?

Alariel: Era necesario para él dejar Israel. No hubiera podido permanecer ahí porque había mucha gente que no le deseaba el bien, y no hubiera podido enseñar abiertamente. Se fue en secreto hacia Damasco y desde ahí, siguió la vieja ruta comercial hacia el este. Esta ruta lo llevó a través de ciudades que ahora se llaman Bagdad, Teherán y Kabul; fue un viaje largo, pero finalmente llegó a la India.

Ya había estudiado con anterioridad en India antes de que comenzara su ministerio, en parte con el ser que conocen como Babaji. Cuando volvió a India, retomó su conexión con Babaji, quien le dijo que el sistema de gurú y discípulos en India, que para ese entonces ya era bastante antiguo, había comenzado a caer en decadencia. A través de la codicia y egoísmo, a muchos aspirantes no se les dieron las llaves para el empoderamiento, de esta forma permanecían en un rol de subordinación, en lugar de elevarse a su tiempo para alcanzar su estatus de gurús independientes.

Jeshua se comprometió a revivir y reenfocar el sistema, lo cual hizo viajando alrededor de India y visitando los ashrams, enseñando a los gurús y restableciendo la pureza original del sistema gurú y discípulos. Este trabajo lo realizó en parte con la colaboración del discípulo Tomás, quien alcanzó separadamente la India, y quien se le unió ahí. Además de esta labor, también limpiaron y fortalecieron las energías de un gran número de lugares sagrados. Esto era importante, ya que estos lugares eran parte integral de la tradición hindú.

Comentario de Stuart: El Babaji a quien se le refiere aquí es Haidakhan Babaji, descrito en Autobiografía de un yogui por Yogananda.

La sesión continúa:

Joanna: ¿Jeshua pasó algo de tiempo en la isla de Chipre en su camino hacia Damasco?

Alariel: Sí. *José de Arimatea tenía ahí una gran finca, y era el lugar ideal para que Jeshua descansara y se recuperara antes del largo viaje hacia el este. José hizo de Chipre el centro de sus operaciones en la región, una sabia decisión considerando la situación volátil en Israel. Desde Chipre podía controlar el envío de estaño hacia todo los puertos del Mediterráneo en donde los romanos tenían presencia.*

Durante una sesión con Cathie Welchman, pudimos darle seguimiento a esta área de investigación con otra pregunta:

Cathie: Si muchos de sus familiares y seguidores, incluida María Magdalena, se habían ido a Gran Bretaña y Francia, ¿por qué Jeshua no regresó en algún momento a Europa?
Alariel: Para él, era más prudente no regresar. Él sabía que una vez dadas las enseñanzas, el maestro debe apartarse y permitir que los alumnos desarrollen el trabajo. El maestro, habiendo enseñado a un cierto nivel, simplemente debe partir. Esto transmite la totalidad de la responsabilidad a la siguiente generación, quienes entonces están libres de crecer, expandirse y explorar bajo su propio camino.

Comentario de Stuart: En Los esenios, hijos de la Luz, comentamos los eventos siguientes a la crucifixión con cierto detalle. Complementaremos este capítulo con algunas preguntas que recibimos de William Brune en Missouri. William nos envió un correo electrónico después de leer nuestro primer libro, y nosotros recopilamos sus cuestiones resumiéndolas en pocas preguntas clave para formulárselas a Alariel. También hemos añadido una o dos de nuestras propias preguntas de seguimiento, para poder cubrir más ampliamente el terreno.

Joanna: ¿Qué fue lo que convenció a los discípulos para comportarse de forma imprudente y predicar abiertamente, cuando sabían que sería peligroso? ¿Fue acaso la resurrección, las enseñanzas de Jeshua o algo más?
Alariel: En parte, fueron las enseñanzas de Jeshua, pero ese «algo más» fue el descenso del Espíritu. Fue el avance que muchos discípulos tuvieron con su conexión con el Espíritu en ese

entonces, lo que los motivó para predicar de forma abierta. En la energía del Espíritu, todo es posible. Esta energía era intensa en ese entonces porque muchos discípulos estaban avanzando y convirtiéndose en maestros por méritos propios. Así que, a pesar de que era una época caótica y traumática, también fue una época emocionante porque el Espíritu estaba mucho más presente.

Joanna: ¿El impacto del mensaje de Jeshua dependió del hecho de haber vencido a la muerte, tal como había prometido? En otras palabras, ¿se comprobó el mensaje como verdadero debido a la resurrección?

Alariel: Esa es, sin duda, una pregunta interesante.

La verdad no depende de eventos para ser comprobada y, claro, las pruebas en ese sentido simplemente no existen. Un yogui indio puede externarles una proposición absurda, diciendo que él probaría todo entrando a un estado similar a la muerte, siendo enterrado y luego desenterrado y reviviendo días después. Si esto sucede y ustedes lo atestiguan, ¿eso prueba que la absurda propuesta fue verdad? Claro que no; únicamente prueba que el yogui ha dominado la técnica de entrar en un estado similar a la muerte y luego revivió.

Jeshua habló con la verdad, y cuando alguien habla con la verdad, lo sabrán en su corazón. Pueden sentir la energía del espíritu y no requiere de un evento milagroso para probarles que lo que se ha hablado es verdad.

De cualquier forma, la conexión entre el mensaje de Jeshua y la resurrección fue completamente comprensible, debido al clima cultural de su tiempo. En ese entonces, la mayoría de las religiones contenían elementos que hoy en día se considerarían mágicos, y era ampliamente aceptado que las enseñanzas se autenticaran por los eventos milagrosos que envolvían al maestro. Dado ese tipo de opinión, era bastante natural que los primeros cristianos midieran la idea de la resurrección como una prueba mágica de las enseñanzas de Jeshua. Ahora, pueden ver que aquella verdad y los eventos son dos cosas bastante separadas, y de ninguna forma están conectadas lógicamente, de manera que una pruebe a la otra. Pero esto simplemente no quedó claro para las personas que vivían hace dos mil años.

Joanna: Pero la resurrección es una gran parte de las enseñanzas de la iglesia, por ejemplo, Juan 11.25: «Yo soy la resurrección y la vida».

Alariel: Es importante comprender que la Biblia fue inspirada divinamente, pero fue editada por humanos. El manuscrito original decía: «Yo soy la ascensión y la vida», pero un escriba editor creyó que la palabra ascensión era un error, y la sustituyó por resurrección. La oración siguiente, culminando con las palabras: «nunca morirá», clarifica que se refería a la ascensión, ya que ningún cuerpo físico (incluido uno resucitado), morirá eventualmente, mientras que un Cuerpo de Luz, el cuerpo de la ascensión, es inmortal.

La resurrección solo te da acceso a existencia continua en un cuerpo físico, mientras que la ascensión te da acceso a la vida eterna. ¿Preferirían ustedes tener un ciclo vital físico extendido o, tal cual los esenios lo establecieron, «alegría eterna en la vida, sin final»?

Joanna: ¿Jeshua se le apareció a sus discípulos de alguna forma, después de la crucifixión?

Alariel: Después de la crucifixión, Jeshua alcanzó un nivel de desarrollo en donde la bilocación, que ya había practicado anteriormente, se volvió considerablemente más fácil para él.

A partir de ese punto, fue capaz de mantenerse en contacto con su madre, con María Magdalena y con todos los discípulos clave, de forma regular, hablando con ellos y a través de la bilocación.

Joanna: ¿Y la gente no comprendía la bilocación hace dos mil años?

Alariel: Correcto. Solo los iniciados de la escuela de misterio comprendían por completo este proceso.

Joanna: Todo esto sucedió hace bastante tiempo. Siento que la gran pregunta es: ¿Por qué necesitamos saber todo esto ahora?

Alariel: Porque hay muchas energías dentro de la tradición occidental que necesitan resolverse.

Joanna: ¿Cómo podemos resolverlas si casi todas las iglesias tienen un vitral de la crucifixión sobre el altar?

Alariel: Permíteme ayudarte a imaginar una iglesia del futuro. Entras y está completamente iluminada, y sobre el altar hay un vitral hermoso que muestra a Jeshua y a María Magdalena tomados de la mano. Encima de ellos, en el cielo, se muestra simbólicamente la mayor resonancia de esta complicidad, que es Dios Padre-Madre.

Esta es una imagen bastante diferente, ¿no es así?, tan iluminada y edificante. Sin dolor, sin sufrimiento, solo el balance esencial del universo.

Joanna: Sí, eso es muy diferente, pero ¿hacia dónde se dirige todo esto? ¿Cómo podemos utilizar este conocimiento ahora?

Alariel: Este conocimiento les permitirá poner el pasado en perspectiva y liberar las energías de esa época, para que puedan avanzar.

Cuando comienzan a dejar ir el pasado, se abren más a la guía que necesitan para mover su consciencia presente hacia la Luz.

Parte cuatro:

La conexión Glastonbury

Avalon, el Glastonbury actual, fue el mayor centro de educación y cultura en los días de José, y su reputación como fuente de sabiduría y conocimiento espiritual, se extendió a lo largo de gran parte de Europa.

Alariel en el capítulo 15

15.
Los preceptos de José de Arimatea

Joanna: Sabemos que muchos esenios comenzaron a escribir relatos de la vida y enseñanzas de Jeshua, y parece que algunos de esos relatos pudieron haberse desarrollado hasta evangelios. ¿Alguna vez escribió un evangelio José de Arimatea?

Alariel: José estaba demasiado ocupado durante su tiempo en Israel como para escribir un evangelio. Pero cuando se fue a Gran Bretaña y se estableció en Avalon, (el Glastonbury actual), desarrolló una lista de puntos clave o preceptos, los cuales pulió hasta que tomaron este formato:

1. *Reconocer que somos la unión del espíritu de los cielos y la sustancia de la Tierra.*
2. *Honrar en tu vida de forma equilibrada al espíritu Padre y la sustancia Madre.*
3. *Juntar espíritu y sustancia para crear un camino hacia la Luz.*
4. *Amar a Dios Padre-Madre con toda tu alma y corazón.*

1. *Todos los seres con los que te encuentres son tus vecinos en la Tierra.*
2. *Las rocas, los árboles y los animales son tus vecinos tanto como los hombres, mujeres y niños del reino humano.*
3. *Honrar todos los reinos de la vida y aprender de cada uno de ellos.*
4. *Amar a tu vecino tanto como a ti mismo, y a ti mismo tanto como a tu vecino.*

1. *Perdonar a todos los seres y las situaciones con que te encuentres, y asegurarte de perdonarte a ti mismo.*

Comentario de Stuart: Estos preceptos resuenan con la energía y practicidad sensata de José, el hombre de acción. Un sencillo set de preceptos era mucho más preferible para él, en lugar de evangelios largos y académicos. Observen la franqueza nítida de la forma en que comienzan los puntos: «Honrar» dos veces, «Amar» dos veces, «Reconocer», «Juntar» y «Perdonar». Incluso hay un toque del sentido del humor de José en el último punto.

Cuando llegó a Gran Bretaña, José había visto ya el poder de la tradición oral, seguida por los druidas. ¿Ha adaptado él ese principio en estos nueve puntos sencillos que podrían fácilmente ser recordados? ¿Eran estos puntos contados con los dedos de las manos, una práctica de la tradición oral? Ciertamente parecían llevar a esto, con cuatro puntos en los dedos de la mano izquierda, cuatro más en la mano derecha y el último, en el pulgar. ¿Podría el énfasis en la transmisión oral de estos preceptos ser la razón por la que no se ha encontrado nunca ninguna copia por escrito?

Estos preceptos están profundamente enraizados en la tradición esenia del Padre celestial y la Madre terrenal, y aun así también reflejan fielmente la enseñanza de Jeshua. ¿Podría verse esto como el puente entre esos dos sistemas de pensamiento, un «eslabón perdido» que reconecta el cristianismo con las raíces esenias?

También queríamos preguntarle a Alariel acerca de la posición de Glastonbury como centro de aprendizaje de esa época.

Joanna: ¿Puedes decirnos cómo se compara en prestigio la isla de Avalon, área que ahora llamamos Glastonbury, con otros centros de aprendizaje europeos en tiempos de José?
Alariel: Los druidas y, en general, toda la sabiduría druida, eran ampliamente respetados en el oeste durante esa época. Iríamos tan lejos como para decir que, para un europeo altamente culto en esa era, había en realidad tres principales opciones disponibles. Podías ir a Grecia y sentarte ante los pies de los pies de los grandes filósofos, podías ir a Inglaterra y aprender de los druidas, o podías ir a Egipto y entrar a una escuela de misterio de ahí. Esas tres ubicaciones ofrecían las más altas experiencias en educación y crecimiento espiritual

disponibles en ese periodo, pero había diferencias sutiles. Los griegos eran más académicos e intelectuales, los druidas más esotéricos y místicos y los egipcios más ocultos, más enfocados en energías y el trabajo práctico de las ideas esotéricas. Así, Avalon, Atenas y Alejandría formaron una triada de centros de excelencia educativa, educación tomada en el sentido original de ambos, crecimiento intelectual y espiritual. Avalon, el Glastonbury actual, fue el mayor centro de educación y cultura en los días de José, y su reputación como fuente de sabiduría y conocimiento espiritual, se extendió a lo largo de gran parte¡"e Eu'opa.

Comentario de Joanna: Claro que los vencedores siempre reescriben la historia a su propio modo, y los romanos se aseguraron de que los druidas fueran representados como bárbaros sin educación.

La sesión continúa:

Joanna: ¿Alguna vez visitó José de Arimatea a su hermana María, al sur de Francia?
Alariel: Ciertamente. *Ella no vivía lejos de las principales rutas de comercio, a lo largo de las cuales el estaño de José era repartido. Había caravanas regulares cargando el estaño y los romanos proveían una escolta de soldados para asegurar su pasaje seguro a través de Gaul. Había distintas rutas, pero la mayoría de las provisiones de estaño iban desde Marazion en Cornualles, a través del canal hacia Morlaix en Bretaña, después por vía terrestre a través de Gaul hacia Limoges y al sur hacia Marsella, en donde el estaño era cargado en los barcos de José para su entrega final a los puertos romanos apropiados alrededor del Mediterráneo.*

José iba con algunas de esas caravanas y pasaba tiempo con su hermana María Anna y con María Magdalena, así como con otros amigos y parientes al sur de Gaul. Esos momentos eran preciados para él, como unas vacaciones muy necesitadas en una vida ocupada, y ansiaba esos periodos de comparable tranquilidad, compartidos con las personas a quienes más amaba.

16.
María Magdalena en Glastonbury

Las conexiones de José de Arimatea con Glastonbury están bien comprobadas, pero otra conexión con esta área también surgió para que la investigáramos. En febrero del 2006, recibimos una carta de Bernadette en Australia, quien mencionaba a las sacerdotisas de Avalon, diciendo que «sin lugar a dudas eran muy poderosas». Eso nos intrigó y fuimos capaces de darle seguimiento en una sesión con Alariel.

Joanna: ¿Podrías contarnos acerca de las sacerdotisas de Avalon, por favor?

Alariel: Una pregunta interesante. Las sacerdotisas de Avalon en realidad preceden al impulso druida, ya que son esencialmente una ramificación de la energía Madre lemuriana y de la sabiduría Madre. Fueron capaces de recibir esta tradición porque la sabiduría lemuriana se mantuvo viva por los maestros Melquisedec y después fue enseñada por los kaloos.

Comentario de Stuart: Lemuria fue el continente antiguo legendario que tuvo la reputación de haber cubierto gran parte de lo que ahora es el océano Pacífico.

La sesión continúa:

Alariel: María Magdalena, una alta iniciada de la escuela de misterio Isis, vino a Avalon y abrió niveles más altos de los misterios y una interpretación más profunda de la energía Madre, como se había desarrollado dentro de la tradición Isis en Egipto. Esta reconexión a un nivel más alto le dio a la escuela de misterio una completamente nueva infusión de la vida, dirigida por las sacerdotisas de Avalon; y la subsecuente enseñanza e iniciación de muchas por la orden, hizo brillar la última etapa del impulso druida en Inglaterra. A través de

María, fueron capaces de reconectar y volver a empoderar la orden para que las sacerdotisas fueran reconocidas como una fuente de la sabiduría empoderada, capaz de balancear el poder y sabiduría de los druidas. El equilibrio de las energías masculina y femenina logrado en este sentido, se volvió paralelo al equilibrio logrado muchos siglos antes en la Atlántida, y fue ampliamente reconocido por los sabios como un logro notable a lo largo del mundo celta en ese entonces.

Así de grande era el entendimiento de María Magdalena de los fundamentos de la tradición Isis, y tan profunda e importante era la sabiduría que fluyó de eso, que fue capaz de interpretar los rituales existentes y enseñanzas de las sacerdotisas de Avalon, desde un punto de vista más alto y esotérico. Hasta el momento de la llegada de María a Avalon, las sacerdotisas tuvieron algunas claves de los misterios, pero muchas de sus propias enseñanzas aún eran encubiertas y escondidas para ellas. María trajo la esencia interna de esas enseñanzas hacia la luz y permitía que las sacerdotisas comprendieran su propia tradición de forma mucho más profunda.

El que alguien venga y le dé sentido a los rituales que has estado practicando por generaciones, es algo muy poderoso e inspirador, de forma que las resonancias más profundas y el simbolismo dentro de esos rituales, de pronto se vuelvan más claros para ti. Fue por esto que las sacerdotisas de Avalon fueron capaces de aceptar tan rápido a María. María Magdalena reveló conexiones, resonancias y una profunda simbología que siempre había estado ahí en los rituales, pero que no se había reconocido previamente. No es mucho decir que la interpretación de María vino como revelación para las sacerdotisas de Avalon, quienes pensaban que sabían y comprendían bastante bien sus propios rituales. Pero cuando un alma maestra se para frente a ti y explica gentilmente la sabiduría más profunda, todo lo que uno puede hacer es reconocer aquella sabiduría y sentirse bendecido por haber encontrado maestro tan sabio y de visión tan clara.

María Magdalena brilló en su papel de maestra, y su habilidad para inspirar a aquellos que fueran lo suficientemente afortunados para escucharla, la hizo una leyenda en su propia época. Trajo el fuego de la sabiduría desde los niveles más sutiles de consciencia y lo utilizó para ayudar y sanar. Aquellos bastante afortunados para ser sus seguidores y discípulos, la valoraban por sobre cualquier otro maestro que se hubieran encontrado, ya que María tenía la habilidad de comunicar la naturaleza y esencia de Todo lo Que Es, a través de sus palabras, su energía y su presencia única.

Si consideran el trabajo de María Magdalena fuera de Israel, la revitalización de la orden de sacerdotisas de Avalon puede ser considerada un logro mayor. Hay algunos paralelismos aquí con el trabajo de Jeshua. Mientras que él reforzaba el sistema gurú en India, María Magdalena estaba, aproximadamente al mismo tiempo, realizando un trabajo bastante similar en el Reino Unido, a través de las sacerdotisas de Avalon. Ambos estaban reformando y revitalizando una tradición existente a través de la aplicación de la sabiduría a un nivel más profundo e intenso.

Pese a que María regresó para continuar su trabajo en lo que es ahora Francia, el tiempo que pasó enseñando a los maestros en Avalon tuvo un efecto profundo y benéfico en toda la civilización druida. Mientras que los druidas reverenciaban a Iesu, el salvador venidero, ese salvador no se encontraba caminando entre ellos después de la crucifixión; pero María, una alta iniciada con una unión única con Jeshua y una visión única de sus enseñanzas, estaba disponible en Avalon para enseñar, inspirar y guiar por un tiempo. Los maestros a los que ella enseñó, inspiraron a toda una generación de iniciados en Gran Bretaña y de muchas otras partes de Europa, ya que las noticias de una nueva administración espiritual dentro de la orden de sacerdotisas de Avalon, pronto viajó a otros países celtas y trajo muchos visitantes deseosos por beber de esta nueva fuente de sabiduría. Y, en muchos sentidos, el trabajo de

María proveyó el último y más elevado pico de toda la larga e ilustrativa tradición druida.

Comentario de Stuart: Esto fue fascinante, ya que asociamos a María Magdalena con el sur de Francia (especialmente la región de Languedoc), mucho más que con Avalon, que se convirtió en el moderno Glastonbury. Pero parece que ella pasó algo de tiempo aquí en Gran Bretaña después de la crucifixión, regresando para establecerse en Languedoc en donde se reunieron un gran número de sus parientes y amigos.

Parte cinco:

El fenómeno da Vinci

Una invasión de ejércitos puede ser resistida, pero una idea cuyo momento ha llegado es mucho más poderosa.

Victor Hugo

17.
Los cátaros

Uno de los desarrollos más extraordinarios en tiempos recientes ha sido el fenómeno da Vinci, comenzando con los libros El Enigma Sagrado/ the Holy Blood and the Holy Grail y El código da Vinci, alcanzando su punto máximo con la película del Código da Vinci y una plétora de programas de televisión, DVDs, libros y artículos explorando este mismo territorio. Un gran aspecto del fenómeno da Vinci es la historia de los cátaros y su conexión con Maria Magdalena. Los cátaros fueron un movimiento de cristianos independientes, inspirados en ideales gnósticos, que florecieron principalmente en el sur de Francia y el norte de Italia entre 1140 y 1244 e.c.

Estábamos comenzando a sentir que los cátaros llegaban a nuestro enfoque y, a medida que el trabajo con Cathie Welchman continuaba, nos cruzamos con vidas con una resonancia cátara. Durante sesiones separadas, Cathie revivió dos vidas en el sur de Francia en las que tuvo contacto con los cátaros. En la segunda, ella era una joven niña quien fue torturada y asesinada por los soldados mercenarios contratados por los católicos romanos; ella fue una simpatizante cátara, pero no una cátara en forma. En la primera de estas vidas era un monje llamado Pierre y nos unimos a él cuando era un joven viajando con su padre de nombre José, el abad de Cîteaux, cerca de Dijon. Esta gran abadía fue fundada en 1098 como monasterio benedictino, pero alcanzó la cima de su influencia en el siglo XIII, como parte de la orden cisterciense. En su apogeo, tenía muchas propiedades a lo largo de Francia, incluida la tierra junto a Mirepoix, que se encuentra al suroeste de Carcasona.

Pierre: Vamos a encontrarnos con los cátaros en un pueblo fortificado, y la mayoría de los habitantes viven libremente como cátaros. Ellos tienen un sentimiento de camaradería con nosotros porque somos todos franceses y ambos tememos por lo que está haciendo el papa romano. Solo podemos pensar que su intención es tomar Francia; quiere el poder. En nuestro monasterio seguimos el Camino, el Camino de Magdalena y el cáliz.

Joanna: ¿Puedes contarme acerca del Camino de Magdalena y el cáliz?

Pierre: El cáliz es de amor... hacerle a los demás lo que esperas que se te haga a ti mismo. Sumergirse en el cáliz es unirse con todos los demás sanadores, sentir como ellos sienten, esperar recibir lo que das. Es por eso que se nos permite estar casados; es parte del amor de un ser humano. La iglesia romana no permite que sus sacerdotes estén casados; es una forma de control. Ellos deben dar toda su vida a la iglesia y no tener nada más que interfiera.

Aquí en Francia, ha sido de esa forma para los monasterios por siglos, intentando brindar amor a las personas y enseñándoles cómo ser; somos pacificadores. La gente viene a nosotros para recibir compasión y perdón. Nosotros les ayudamos a entender cómo deberían perdonar y vivir en paz con sus vecinos.

Joanna: ¿Sabes de dónde provienen estas enseñanzas?

Pierre: Vienen del Señor. El Señor envía a sus emisarios, nosotros recibimos la palabra y la hemos estado manteniendo. No es el papa. El papa nos dice que subyuguemos a cualquiera que no hace lo que él dice que es correcto. Ese no es un camino de paz.

Joanna: ¿Entonces encuentras algunas similitudes con los cátaros?

Pierre: Son diferentes, pero aún se esfuerzan por vivir pacíficamente con los demás. Ellos sí que tienen algunas prácticas religiosas extrañas, que nosotros no tenemos. Muchas personas hacen un juramento hacia el final de sus vidas, pero algunos lo toman antes y permanecen en celibato; nosotros no hacemos eso.

Joanna: ¿Y todo está unido con Magdalena?

Pierre: Nosotros, sí.

Joanna: ¿Pero los cátaros también están unidos? ¿Ellos tienen alguna conexión con Magdalena?

Pierre: No estoy seguro... Somos nosotros quienes nos recordamos a nosotros mismos cómo vino Magdalena.

Joanna: ¿Y cómo es que vino?

Pierre: Ella viajó con sus amigos y familiares... navegando por mar hacia nuestras costas. (En este punto hubo una pausa y un suspiro, como si el sujeto estuviera experimentando una emoción profunda).
Joanna: ¿Qué es lo que te está poniendo tan triste?
Pierre: El hecho de que ella trajo bienestar a nuestra tierra y todo se está destruyendo por este hombre malvado, este papa. Puedes sentirlo, es tangible. Él está soplando nubes negras sobre una región que ha permanecido en paz por muchos siglos. Hemos crecido en amor y de pronto todo está cambiando. Tenemos una historia que se remonta y el papa está incluso destruyendo nuestra historia. Él está quemando libros sin razón alguna.
Joanna: ¿Hay una historia que diga de dónde vino Magdalena?
Pierre: Sí. Ella vino de la tierra sagrada para difundir la palabra del Señor ante nosotros. Hemos escrito libros acerca de eso y han sido destruidos. Estamos intentando esconder el conocimiento y se siente como si todo estuviera llegando a su fin y que no seremos capaces de vivir más este tipo de vida. Nunca antes nos hemos encontrado con los cátaros porque nunca tuvimos necesidad, pero ahora estamos viajando porque los edictos del papa han decretado que esto es lo que nosotros hacemos, viajamos y reportamos de vuelta qué están haciendo los cátaros. Nosotros sabemos en el fondo que preferiríamos estar del lado de los cátaros, pero debemos reportar. Debemos escribir lo que encontramos. Si no lo hacemos, estaremos en problemas... Este camino se siente bastante peligroso.

No estamos del lado de nadie. Preferiríamos estar del lado de los cátaros, pero no podemos porque estamos realizando este trabajo para el papa. No queremos estar del lado del papa porque él parece muy peligroso. Se siente como si viniera directo del demonio. Pero, claro, él está pagando para que exista nuestro monasterio. Los cofres en Roma están llenos y, si no haces lo que te pide tu amo, dejarás de existir. Y nosotros debemos proteger el Camino de Magdalena de algún modo. El mensaje de Magdalena fue el compartir el pan con todos los que amas, compartir. Recuerda, entender a tu vecino en amor. La mejor forma de entender a tu vecino es partir el pan y comer con ellos, compartir. Muchas, muchas disputas se han resuelto durante una comida.

Joanna: ¿Y también era muy importante la sanación?

Pierre: *Estamos llegando al punto en que ni siquiera podemos brindarle sanación a la gente. El papa ha establecido boticarios... y ellos dan pociones que ni siquiera hacen nada por la gente.*

Comentario de Stuart: Esa fue la última cosa significante que salió de la vida de Cathie como Pierre. Nos brindó una interesante visión de los cátaros desde un punto de vista de un simpatizante francés, incluso cuando lo que vimos había venido de dentro de la iglesia católica. Algo interesante sobre la vida de Pierre es cómo señala las grandes diferencias entre los católicos franceses y los católicos italianos, enfocados a través de Roma. En el punto de vista italiano, la Madre María era el ícono femenino más importante, y María Magdalena podría haber sido aceptada como una testigo secundaria, pero nunca como una maestra elevada ni líder.

A partir de este relato parece claro que la tradición Magdalena en el sur de Francia se mantuvo viva por 1200 años, siendo absorbida dentro de la cultura monástica del siglo doce en la región de Languedoc. No está claro cuán ampliamente fue aceptada esta tradición por las órdenes monásticas en esta región. Quizá algunas creencias locales pueden haber sido toleradas por algún tiempo, pero una sucesión de papas italianos incrementó constantemente la centralización del control en la vida católica.

La información sobre el periodo cátaro, que en algún tiempo solo le interesó a historiadores, ahora ha comenzado a alcanzar una audiencia mucho más amplia, en gran parte debido al Código da Vinci, y a El Enigma Sagrado/ the Holy Blood and the Holy Grail. Esto ha abierto gran cantidad de preguntas, una de las cuales fue una leyenda que nos intrigó. Esta leyenda se enfoca en un pueblo fortificado en la región de Languedoc al sur de Francia, llamado Montsegur, que fue asediado por fuerzas papales en 1244 e.c. La fortaleza cátara estaba en la cima de una pequeña montaña empinada y, cuando las fuerzas que asediaban lograron tomar la fortaleza, arrasaron y mataron a más de dos mil cátaros. Se dice que una pequeña banda de cátaros, quizá solo unos tres o cuatro, escaparon escalando desde Montsegur la noche anterior a la captura de la fortaleza. Se dice que se llevaron con ellos algo de gran valor y nosotros fuimos capaces de preguntarle a Alariel acerca de esto.

Joanna: Cuando el pequeño grupo de cátaros escaparon de Montsegur, ¿qué fue lo que se llevaron con ellos?

Alariel: Su más preciado rollo, que data del tiempo de los gnósticos, demostrando que había una conexión directa entre la tradición gnóstica y los cátaros. Este rollo ya era antiguo para entonces, y era muy venerado por los cátaros.

Pero, tristemente, los cátaros no tenían ningún lugar seguro al que ir. Nadie quería asociarse con ellos en caso de que debieran enfrentar su mismo destino. Después de la masacre en el sur de Francia, se volvió muy peligroso inclusive el ser visto hablando con un cátaro, o darles refugio.

Joanna: ¿Y cómo evaluarías al movimiento cátaro en conjunto?

Alariel: Los cátaros proveyeron un enfoque alternativo de la cultura cristiana en Languedoc, un enfoque que respetaba la Tierra y honraba la sagrada feminidad. Sin embargo, no era una forma pura de cristianismo, tal como lo era el movimiento gnóstico, y algunos aspectos de la teología cátara pueden ser descritos únicamente como excéntricos. Pero, en su mayoría, los cátaros vivieron en amor incondicional y armonía cristiana, en tiempos en que esto era desconocido casi en cualquier otra parte de Europa.

Comentario de Joanna: Los cátaros al sur de Francia fueron los descendientes de aquellos que siguieron las enseñanzas de María Magdalena, las enseñanzas internas, así que siguieron un curso mucho más similar a como se suponía que éstas debían ser. El estilo de vida de los cátaros y sus enseñanzas eran también muy parecidas a la forma esenia.

A la iglesia católica no le gustaba la forma en que los cátaros rechazaban la autoridad papal, lo cual condujo a la cruzada en su contra y la persecución y muerte de la mayoría de los cátaros. Las enseñanzas cátaras también eran distorsionadas deliberadamente para que los católicos pudieran justificar la destrucción de todo el movimiento cátaro.

18.
El simbolismo da Vinci

Estábamos intrigados por el simbolismo que subyace en el trabajo de Leonardo da Vinci y fuimos capaces de preguntarle a Alariel acerca de esto.

Joanna: ¿En la pintura de La última cena de da Vinci, la figura a la izquierda de Jeshua es Juan o María Magdalena?

Alariel: Si se sintonizan con la energía de las figuras en esta pintura, está bastante claro que esta figura no proyecta energía masculina. No es un hombre joven, es María Magdalena.

Da Vinci tenía una consciencia ágil y sutil, a pesar de que raramente hablaba acerca de sus creencias. Sostenía muchas posibilidades en su mente, una de las cuales era que él, posiblemente en una vida previa, había sido Juan el discípulo. Ya que se enfocó en esta posibilidad, la pintura contuvo un significado poderoso para él. Al asociarse con Juan, de hecho, él estaba diciendo: «No puedo estar ahí en la pintura porque yo soy el pintor. Pero María Magdalena puede tomar mi lugar; después de todo, ¡ambos somos discípulos amados!»

Cuando estaba pintando esta imagen, Leonardo se estaba sintonizando con los eventos alrededor de la última cena, y es la profundidad de aquella experiencia la se comunica con aquellos quienes observan la pintura. A pesar de que el diseño tuvo que ser adaptado para encajar en el espacio disponible, aun así, hay una verdad fundamental acerca de la pintura que toca una cuerda poderosa en el observador.

Observen el diseño del fondo: entre María y Jeshua hay un enfoque central de energía, por un lado, está la energía femenina y por el otro, la energía masculina; está perfectamente balanceado. Las dos figuras están equilibradas y ambas se inclinan hacia afuera en el mismo ángulo. Ninguna domina, y lo masculino y lo femenino se equilibran el uno al otro en la pintura, de la misma forma en que Jeshua y María Magdalena se equilibraban el uno al otro en vida. Así que hubo mucho simbolismo aquí y fue completamente intencional que así lo hubiera.

Joanna: Comprendo que, ya que él estaba recibiendo patrocinio por parte de la iglesia, no pudo en ese momento agregar a varias mujeres.

Alariel: No, y no pudo poner a más de doce discípulos. Pero se las arregló de una forma bastante inteligente; puso a María en lugar de Juan y dejó el resto a la imaginación. Una solución brillante ¿no es así?

Joanna: Hemos notado que mucho del material controversial sobre María Magdalena, ahora se ha estado presentando en forma de ficción. ¿Podrías comentar algo acerca de esto, por favor?

Alariel: Cuando una idea es particularmente retadora, su cultura a menudo necesita explorarla primero a nivel de ficción, antes de asimilarla como un hecho. A nivel de ficción, quizá incluso fantasía, su consciencia es capaz de aceptar estas ideas sin molestar su sistema de creencias. Ahí pueden reflexionar acerca de esas ideas y acostumbrarse a ellas. Cuando encuentren que no son tan peligrosas como hubieran podido pensar, entonces están listas para cambiar hacia el ámbito de lo real y pueden ser ampliamente aceptadas a lo largo de su cultura.

De esta forma, sus artistas creativos los están ayudando a ampliar su sistema de creencias y hacer avanzar su cultura. De todo esto emerge un principio general:

Lo que es visto ahora como fantasía, puede ser mañana aceptado como un hecho.

19.
La existencia de un linaje

Una pregunta vital acerca de María Magdalena aún estaba pendiente por ser respondida. Ya la formulamos anteriormente; era tan importante y tan central que estábamos ansiosos por investigarla, pero Alariel se había negado a responder en ese momento, y ahora sentimos que era tiempo de revisarla nuevamente.

Joanna: Dijiste que regresarías a la cuestión de si Jeshua y María Magdalena tuvieron hijos. ¿Podemos preguntar acerca de esto ahora? ¿Tuvieron hijos?

Alariel: Sí, al menos tuvieron uno. Justo después de la crucifixión, María y su hija de tres años dejaron Israel a bordo de uno de los barcos de José de Arimatea. Su grupo tocó tierra en el sur de Francia, entonces conocido como Gaul, y ella obtuvo mucha ayuda y apoyo ahí por parte de la comunidad judía.

Joanna: ¿María Magdalena tenía algún familiar cercano esperando por ella en Francia?

Alariel: Sí. Isaac, el hermano de María Anna, se había mudado a la región de Languedoc con su esposa Tabitha. Se les unió su hija, la discípula Sara y su esposo, Felipe. Para ese entonces, el hermano de Isaac, Jacob, también se había movido a Languedoc, así que había una red familiar completa ahí para ayudar a María.

Joanna: ¿El que toda esta gente avanzada se asentara en un área, afectó los niveles vibracionales de Languedoc?

Alariel: Mucho. Semejante reunión de iniciados avanzados, centrados alrededor de María Magdalena, quien enfocaba la energía de la sagrada feminidad, dirigió hacia un desarrollo de cultura espiritual sutil y avanzada en aquella área. El poder de la sagrada feminidad aumentó en los corazones y mentes de la gente de ahí, culminando en su expresión en el impulso cátaro unos 1200 años después de la llegada de María Magdalena. Y todo esto comenzó con la llegada de María y su grupo familiar extenso. En Languedoc ya había una comunidad

judía establecida cuando llegaron, así que fue mucho más sencillo para ellos.
Joanna: ¿La hija de María Magdalena se llamaba Sarah?
Alariel: Sí y no. Sarah fue más que un nombre, un título; un título que reconocía su linaje especial. Su nombre real fue Anna; se le llamó en honor de la abuela de Jeshua.

Comentario de Stuart: Hay una referencia en el libro de Laurence Gardner, El Legado de María Magdalena (páginas 31 y 32), que clarifica esto. El autor señala que, cuando el nombre es un «distintivo» (tal como Sarah, que significa «princesa»), debe escribirse con un guion, dando el ejemplo de Sarah-Salomé. Por tanto, la hija de María Magdalena debería llamarse «Sarah-Anna», y continuaremos esta práctica al referirnos a ella.

La sesión continúa:

Joanna: Algo me ha estado confundiendo. Si Jeshua y María se casaron durante su ministerio, ¿cómo pudo su hija tener tres años en el momento de la crucifixión?
Alariel: Los escribas que juntaron los evangelios se enfocaron mucho en el periodo del ministerio de tres años, y algunas veces adaptaron un poco la cronología para adecuarse a este abordaje. La boda de Caná, de hecho, tuvo lugar cinco años antes de la crucifixión.
Joanna: ¿Y el linaje se extendió a partir de Sarah-Anna?
Alariel: Sí, hasta el día presente. Sarah-Anna es la princesa desconocida del mundo occidental, tal como María Magdalena es la reina desconocida. Ellos no se preocupaban por ser reconocidos, porque su reino no era de este mundo.
Joanna: En cualquier caso, Jeshua y María Magdalena no tendrían otro hijo para comenzar una dinastía, ¿o sí?
Alariel: ¡Por supuesto que no! Ellos trabajaban para el reino de los cielos y no tenían interés alguno en plantar descendientes en el trono de Israel, ni ningún otro. Para determinar si a Jeshua le preocupaban los reinos de este mundo, tan solo examina su enfoque. Los evangelios no son tratados políticos diseñados para promover el derrocamiento de la autoridad romana y el establecimiento de una dinastía judía, sino documentos

espirituales enfocados en la Luz. Incluso cuando a Jeshua se le preguntó si los judíos deberían pagar los impuestos romanos, él se las arregló para cambiar esta afirmación hacia la precedencia de Dios. Esta no es la respuesta de un intento alborotador zelote para desechar a los romanos y poner a sus hijos en algún trono mundano.

Comentario de Stuart: La referencia bíblica es del evangelio de Lucas, capítulo 20.

La sesión continúa:

Joanna: Si nunca fue la intención que sus descendientes formaran una dinastía, ¿cuál era su verdadero propósito?
Alariel: Ellos eran, y son, un contrapeso continuo para la energía patriarcal que ha venido a dominar el mundo occidental. Los descendientes de María Magdalena llevaban la energía de la sagrada feminidad, con todo su potencial para el equilibrio y sanación. El linaje Magdaleno ha provisto de un canal adecuado a través del cual muchas de las sacerdotisas de Isis podían encarnar, para que la frecuencia vibracional de Isis pudiera continuar sirviendo y bendiciendo a la Tierra. Desde nuestro punto de vista, esto es mucho más importante y benéfico para la humanidad que cualquier dinastía de reyes.
Joanna: ¿Entonces solo estaba esta hija única?
Alariel: Sí, pero la situación aquí es un poco más compleja de lo que se imagina la mayoría de la gente. Los seres avanzados como Jeshua y María Magdalena tienen opciones que no están disponibles para la persona promedio: Sarah-Anna fue concebida por la Luz, justo como Jeshua fue concebido por la Luz. La concepción por Luz es bastante diferente de cualquier proceso normal de concepción o cualquier proceso de clonación. A través de la concepción por Luz, se puede crear un niño de cualquier sexo y este proceso puede proveer cuerpos adecuados para almas avanzadas que han evolucionado hasta niveles muy altos.
Joanna: Habrán notado que ha habido mucha especulación acerca de un posible linaje, rastreado desde María Magdalena. Algunos

escritores nombran a tres hijos, dos niños y una niña, llamada Tamar.

Alariel: Sí, pero este fue un rastro falso construido cuidadosamente para desviar la atención del verdadero linaje. Desde un principio se tomó en cuenta que cualquier hijo de Jeshua y María Magdalena sería un riesgo, así que se diseñó un plan elaborado para proteger el linaje. Durante el periodo en que María Magdalena estuvo en Languedoc, ella vivió con su hija Sarah-Anna y con tres niños cuyo padre había muerto. Estos niños eran primos de Jeshua: la mayor se llamaba Tamar Miriam y había dos niños, Jeshua y Josephes, también llamado Joses. María los adoptó en Israel antes de la crucifixión, siendo la adopción una práctica común en esa época de alta mortalidad adulta. Estos tres niños se ofrecieron voluntarios, a nivel del alma, para proveer una pantalla de humo, un escudo para el verdadero linaje representado por Sarah-Anna.

Es un gran privilegio y una gran oportunidad espiritual el pasar tiempo en una familia dirigida por un ser avanzado, tal como María Magdalena y, a pesar de los riesgos involucrados, no hubo escasez de voluntarios a nivel álmico para esta tarea. Fueron los descendientes de estos niños adoptados quienes se convirtieron, eventualmente, en los reyes merovingios. Como niños de la casa de David, ellos ciertamente tenían sangre real, pero su linaje no era tan especial como mucha gente ha supuesto.

Joanna: Mucha especulación moderna acerca del linaje se enfoca en si hay, hoy en día, descendientes de Jeshua y María, aún caminando sobre la Tierra, y qué pasaría si ellos anuncian su presencia aquí.

Alariel: Es importante observar el contexto histórico. Si estos descendientes dieran un paso al frente en una democracia moderna, ¿cómo respondería esa democracia ante ellos? Francamente, nos cuestionamos si el heredero de un linaje antiguo podría asumir un rol significativo en una democracia moderna. Nos parece que su civilización ha progresado mucho a lo largo del empoderamiento individual, como para que pongan el reloj marcha atrás y que sean gobernados por una serie de reyes-sacerdotes al estilo del antiguo Egipto, que simplemente no serían relevantes hoy en día. En comparación, la posición de María Magdalena como compañera espiritual de Jeshua y su rol como una mujer empoderada e iluminada, TIENE una relevancia verdadera hoy en día, y es en esto en lo que les sugerimos enfocarse.

Comentario de Stuart: Esta información abre puertas a un gran número de nuevas posibilidades, y entra a áreas sutiles a las que no esperábamos ser capaces de acceder. A pesar de que habíamos escuchado acerca de la concepción por Luz (se menciona en el capítulo 10 de Ana, la abuela de Jesús: Un mensaje de Sabiduría y Amor por Claire Heartsong), no teníamos idea de sus bases técnicas. En este punto, estábamos aún bastante confundidos al respecto y le pedimos a Alariel que nos explicara los principios de la concepción por Luz. Su respuesta nos lleva al siguiente capítulo.

20.
Concepción por Luz y ADN

Alariel: Es importante comprender cómo es creado un niño mediante concepción por Luz: la madre provee el ADN básico, el padre provee una huella de consciencia a un nivel sutil, y el espíritu proporciona la habilidad de crear una nueva vida. Esto involucra la activación de una secuencia de doce codificaciones del ADN, las cuales trabajan juntas para iniciar el proceso de concepción. El Espíritu también equilibra e integra el ADN para que el niño no tenga ninguno de los problemas de salud con los que se han encontrado sus científicos durante la clonación. Debido a este involucramiento del Espíritu, la salud y constitución de un niño concebido por Luz, será más fuerte que la de cualquier otro niño.

Para poder comprender la parte del padre en la concepción de Luz, es necesario observar el ADN y explorar su verdadera naturaleza. El ADN existe en diversos niveles, y algunos niveles del ADN portan llaves para la consciencia, en lugar de actuar como marcadores físicos e indicadores. Hay capas interdimensionales de ADN que simulan la apertura, el conocimiento y las habilidades sutiles, como el pensamiento abstracto. Estas altas capas de ADN abren la puerta a aspectos de la consciencia y establecen conexiones para que estos aspectos puedan ser explorados y que se pueda trabajar con ellos. Estos niveles de ADN contienen la imprenta del hombre como un ser cultural y espiritual, tal y como los niveles más bajos contienen la imprenta como un ser físico. Los niveles más altos del ADN, incluidas las secuencias que aún no se han decodificado por sus científicos, son las que llevan la consciencia del padre durante el proceso de la concepción por Luz.

Ustedes tienden a ver el ADN como un transmisor básico de características físicas y tendencias, si bien es en realidad un sistema integral de información multidimensional. Su ADN no solo indica parámetros físicos, sino también todo su potencial como un ser espiritual, intelectual y cultural. Los niveles multidimensionales del ADN esbozan su potencial para el conocimiento, sensibilidad y habilidades sutiles de consciencia. Ustedes no pueden elegir desarrollar las áreas descritas en este sentido, pero ellas están ahí para ustedes en potencia. De esta forma, su ADN es un esbozo completo de potencial, una huella de cuán lejos pueden desarrollarse si así lo eligen.

Básicamente, mientras el ADN funcione a un nivel más bajo, mayor será la aportación de los padres. El ADN físico posee una gran cantidad de aportación parental, mientras que el ADN multidimensional, funcionando a altos niveles, refleja las cualidades y expresiones del alma. El ADN, como un todo, establece parámetros para el desarrollo; es un tipo de gráfica de crecimiento que muestra su potencial en todos los niveles.

Ahora que hemos discutido la complejidad del ADN, están en una posición para pensar con claridad acerca de Sarah-Anna y valorar su verdadero significado. Sarah-Anna es, de forma espiritual, la hija de Jeshua y María Magdalena, pero genéticamente es solo hija de María, ya que en la concepción por Luz solo está involucrado un set de ADN a nivel físico, el set que proviene de la madre. Aquellos que creen que aún hay descendientes vivos de Jeshua sobre la Tierra, portando su ADN a nivel físico, no han comprendido la realidad de esta situación compleja.

A pesar de que ahora se sepa poco en el mundo acerca de la concepción por Luz, fue claramente conocido como un principio en los grupos esotéricos en los días de Jeshua, y se hablaba de ello en las escuelas de misterio de aquella época. Tampoco era tan extraño como algunas personas han pensado, ya que cierta cantidad de personas cercanas a Jeshua fueron concebidas de esta forma. María Anna, María

Magdalena y Juan el Bautista fueron todos concebidos por Luz. Y, si consideras a los discípulos de Jeshua, Sara, esposa de Felipe, y Mariam, hija de Rebeca, fueron concebidas también por Luz.

Durante una sesión con Cathie Welchman en octubre del 2006, tuvimos la oportunidad de continuar estas investigaciones con Alariel. Cathie estaba entrenada como bióloga, y fue capaz de enmarcar preguntas específicas que nos ayudaron a explorar la concepción por Luz a mayor detalle.

Cathie: ¿Cómo sucede la concepción por Luz a nivel del ADN?

Alariel: Debe haber dos cadenas dobles de ADN para que el proceso funcione, eso está clara y ampliamente comprendido. La cuestión es, ¿cómo produces dos cadenas dobles si están lidiando genéticamente solo con una cadena doble de la madre? Ella tiene su doble hebra en su lugar. Entonces, ¿cómo se ensambla el resto del ADN? Bien, el Espíritu debe hacerlo. Debe producir otra cadena doble de ADN que se enrosca alrededor de la hebra de ADN de la madre, para poder crear al niño.

Cathie: ¿A un nivel físico?

Alariel: Sí, ultimadamente en el nivel físico, pero baja a través de todos los niveles hasta que pueda alcanzar el físico. Hay muchas frecuencias de ser del Espíritu ahí en el nivel físico y, a través de la concentración por turnos en cada frecuencia, el Espíritu se envuelve más y más en la materialización. Otra forma de expresar esto es el decir que la Luz se cristaliza o se solidifica a sí misma hasta que se manifiesta como la sustancia completa del ADN físico. Esto no es el Espíritu creando el ADN, sino el espíritu convirtiéndose en el ADN.

Cathie: ¿Así que se mantiene descendiendo?

Alariel: La Luz se mantiene descendiendo hasta que alcanza el nivel físico.

Cathie: ¿Así que, en efecto, es como un emparejamiento físico de macho y hembra en el nivel físico?

Alariel: Ningún macho físico está involucrado o, para ser más exactos, él ha contribuido con algún nivel más alto de ADN, nivel de consciencia del ADN, pero ningún ADN físico a través del proceso de emparejamiento.

Cathie: Entonces cuando desciende hasta un humano físicamente, ¿la Luz ya se ha solidificado y se convierte en el ADN físico masculino?

Alariel: Exactamente. La operación del espíritu, trabajando a través de los niveles, se manifiesta hasta el nivel final en una forma física. Lo que es producido entonces es otra cadena doble de ADN, que se corresponde con la cadena de la madre. A partir de ese punto, lo que prosigue en la secuencia va a lo largo de líneas convencionales; pero tiene que alcanzar ese punto.

También hay ajustes menores para fortalecer el ADN y ver que ninguna debilidad que hubiera podido venir del lado de la madre le cause al niño enfermedades innecesarias. Así que es un ADN mejorado. No es como un proceso de reproducción convencional, el ADN es mejorado, es enriquecido. Esto produce seres humanos mucho más fuertes y mejores.

Cathie: ¿En dónde es entonces el punto de inicio del ADN físico masculino para que le proporcione características físicas a un bebé? De otra forma, sería un clon y se vería exactamente como la madre.

Alariel: La segunda hélice de ADN comienza dentro del Espíritu. La Luz desciende una serie de pasos hasta que, finalmente, se convierte en materia física. Es un proceso muy sutil, ¿no es así?

Cathie: Sí, así es, ¿y cuál es su propósito?

Alariel: El propósito es producir una consciencia mucho más fuerte y clara, encarnada en una forma física. Es un cuerpo mucho más fuerte que el promedio y no se enfermará tan seguido, ya que hay muy pocas causas posibles de enfermedad dentro del ADN. Seguirá siendo un cuerpo humano, pero uno mucho más fuerte que el promedio.

Cathie: Pero, ¿por qué se hace esto?

Alariel: En caso de que haya un alma muy avanzada que desee experimentar una vida humana, esa alma estará vibrando a un nivel demasiado alto como para encarnar a través de un proceso convencional de reproducción. Seres que resuenan con el deseo, nacen a través de un proceso basado en el deseo; seres que se encuentran por encima del deseo no pueden nacer de la misma manera, ya que el proceso por sí mismo sería incompatible con su consciencia. Para poder encarnar, un ser necesita frecuencia vibracional que refleje la vibración de la consciencia de ese ser. Por lo tanto, los seres de vibración alta avanzada solo pueden encarnar en formas de vibración alta avanzadas.

Cathie: Entonces, ¿es el espíritu del lado masculino el que contribuye con el ADN físico, tanto el padre como el niño?

Alariel: El Espíritu se convierte en el niño, pero en donde el padre tiene parte en esto, es que él provee una huella de consciencia a través de su compañerismo espiritual y colaboración con la madre. A través del proceso de vivir, no a través de un acto individual, sino todo el proceso de vivir juntos y compartir la relación espiritual, él contribuye con altos y sutiles niveles de ADN. Pero esto es a nivel de consciencia, no en el nivel físico.

Cathie: No, no me refería a eso. Me refiero al hecho de que, si tú eres el espíritu, un alma avanzada queriendo venir a la Tierra, y presentas tu ADN para mezclarse con la mujer, ¿te conviertes en el niño además de ser el padre?

Alariel: Cuando hablamos del Espíritu aquí, hablamos DEL Espíritu, con «E» mayúscula, no del espíritu de un alma individual. El Espíritu como Fuente de energía transpersonal, desciende todos los niveles para que un alma venidera pueda encarnar, porque el ADN está completo hasta el nivel físico. No es el alma venidera la que realiza todo eso, no es el padre quien realiza todo eso, es el Espíritu como una energía transpersonal quien lo realiza. Este es el elemento que mucha gente encuentra más confuso dentro de la concepción por Luz; están pensando en términos personales, cuando este proceso comienza a nivel transpersonal.

Cathie: ¿Entonces quién es el verdadero padre de Jeshua?

Alariel: El verdadero padre de Jeshua es el Espíritu, del mismo modo en que el verdadero padre de María Magdalena es el Espíritu; no un espíritu individual, sino el Espíritu transpersonal, la energía divina.

Cathie: ¿Entonces ese Espíritu no era el mismo Jeshua abriéndose su propio camino hasta la materia?

Alariel: ¿Cuál es exactamente tu pregunta acerca del nacimiento de Jeshua?

Cathie: Estoy intentando averiguar cómo hace el Espíritu para que sea posible el nacimiento de Jeshua mediante concepción por Luz, ¿cómo está relacionado este proceso con el mismo Jeshua?

Alariel: Ah, ya veo tu pregunta. Jeshua se relaciona con el Espíritu quien ocasiona esta concepción por Luz de la misma forma en que ustedes se relacionan con el Espíritu. Ustedes son una Chispa de la Flama única; llamemos al Espíritu la «Flama única». Ustedes son una Chispa de la Flama única tal y como lo es cada ser humano, tal y como Jeshua lo es. Cuando él nació, la Flama única, el Espíritu transpersonal, facilitó el proceso, al final del cual una cadena doble de ADN es creada, una cadena que se empareja con la doble hélice de la madre.

Así que ese es el proceso y, en ese sentido, cualquier niño concebido por Luz es directamente el hijo o hija de Dios, mientras que los demás seres humanos son indirectamente los hijos o hijas de Dios. Pero, incluso un niño concebido por Luz no es el único hijo o hija de Dios. Todos los seres humanos comparten finalmente este mismo estado del ser. Estamos tocando aquí un malentendido en la teología original de los primeros padres de la iglesia, lo cual causó mucha confusión.

Entonces es el Espíritu quien se ocupa e ilumina todo el proceso. Esta es la única forma en que un ser bastante avanzado y con un alma de la más alta vibración, puede entrar en un cuerpo físico.

Cathie: En otras palabras, ¿el proceso no es controlado por lo que llamaríamos un ser espiritual, un ángel? ¿Es simplemente un proceso?

Alariel: Es un proceso controlado por el Espíritu. Si gustan interpretar al Espíritu como un ángel, por supuesto que pueden, pero nosotros no lo vemos de esa forma. Nosotros vemos al Espíritu como un aspecto de Dios.

Cathie: ¿Entonces cómo decidiría Jeshua? ¿Qué haría él? Ya que él ha sido elegido para manifestarse en la Tierra y ser concebido por Luz, ¿qué haría él para permitir que eso suceda?

Alariel: Una vez decidido que Jeshua se manifestaría de esta manera, un equipo de ángeles facilitó el proceso para asegurarse de que era el momento ideal y que la madre estaba disponible en el lugar y momento adecuados. *Esto no es algo que sucede de forma arbitraria o al azar. Un equipo de ángeles se involucrará en la planeación de este proceso.*

Cathie: Normalmente, un alma elegiría ir con una pareja que ha tenido sexo, hombre y mujer juntos, pero ese proceso conlleva muchas enfermedades y problemas genéticos.

Alariel: Sí, hay muchas limitaciones. El punto general de la concepción por Luz es eliminar todas esas limitaciones, para que el niño sea mucho más fuerte.

Cathie: ¿Entonces por qué no nacen todos los humanos mediante concepción por Luz?

Alariel: No se han ganado el derecho de hacerlo, no aún.

Cathie: ¿Qué es lo que necesitan hacer para ganarse ese derecho?

Alariel: Necesitan volverse seres de muy alta vibración, y la mayoría de los humanos no lo han hecho aún. De cualquier forma, muchos de los nuevos niños que están llegando desde otros sistemas estelares, están listos a ese nivel, y solo pueden nacer aquí a partir de un proceso de concepción por Luz. Ellos no podrían llegar aquí de cualquier otra forma.

Cathie: ¿Y habrá muchos de ellos?

Alariel: Pronto habrá muchos más niños concebidos por Luz, así que quizá sea mejor que hayamos explorado este tema ahora.

Cathie: ¿Cómo puedes decir si una persona fue concebida por Luz?

Alariel: Sentirás la energía, y con el tiempo llegarán a saber exactamente cómo se siente esa energía. Podrán sentirlo y podrán reconocerlos.

Cathie: Entonces, volviendo al ADN, presumiblemente el espíritu de Jeshua, habiendo nacido antes como forma humana, habrá ciertas características que el equipo angelical quisiera poner en forma a través de esta concepción por Luz, ¿no es así?

Alariel: Jeshua tuvo otras encarnaciones anteriores, pero equilibró su karma, así que no había limitaciones que necesitara traer con el cuerpo físico.

Cathie: Así que, cuando él estaba viniendo como un hombre nacido de una mujer, ¿cómo podrían formarse ciertas características masculinas como, por ejemplo, si él tendría o no barba, si tendría cabello rojo o café? ¿Cómo se eligieron estas cosas? ¿Fue todo aleatorio?

Alariel: Hubo un proceso de elección para estas características, pero esa elección fue ejercida para Jeshua a un nivel angelical, antes de que comenzara todo el proceso de encarnación.

Cathie: ¿Cómo tomaron esas decisiones los ángeles? ¿Tuvieron una reunión de comité?

Alariel: Hubo una reunión en la que se decidió todo. Hubiera sido apropiado, por ejemplo, que tuviera cabello café en lugar de rubio, dada la región en la que estaba por encarnar. Y era apropiado que fuera razonablemente alto, en lugar de algo bajo.

Cathie: Bueno, no hubiera sido tan efectivo hablando en público si hubiera sido bastante bajo.

Alariel: Sí. Muchas elecciones se tomaron simplemente porque era lo apropiado. Esto fue acordado generalmente y, si así lo prefieren, la huella para el proceso de encarnación fue acordada a nivel angelical. Pero el Espíritu necesitaba implementar esa huella, tenía que asegurarse de que la huella fuera traducida a la realidad del ADN, que se volvió la realidad del niño.

Cathie: ¿Cuál fue la parte de María Magdalena en el proceso de la concepción por Luz? ¿Qué hizo ella para comenzar todo este proceso?

Alariel: Fue la intención enfocada de María, junto con la intención de Jeshua, lo que inició el proceso. Su objetivo era proveer un linaje puro a través del cual los seres avanzados pudieran encarnar sobre la Tierra, un canal a través del cual los iniciados del Amor y la Luz podrían manifestarse. Abrir una puerta para varios seres concebidos por Luz, como una gran cadena de Luz que llega al futuro; es un emprendimiento noble y recibió apoyo inmediato y ayuda del reino angelical. A través de la intención, de la oración y el pensamiento invocando ayuda angelical, Jeshua y María Magdalena pusieron en marcha los eventos que condujeron a la creación de un niño concebido por Luz.

Cathie: ¿Podemos pasar a la codificación de doce niveles?

Alariel: Existen doce puertas en el proceso del ADN, cada puerta controlada por una codificación. El paso a través de una puerta nos da acceso a la siguiente etapa en el proceso, y todas las doce puertas necesitan ser atravesadas antes de que pueda suceder la concepción por Luz. Sería bastante difícil para nosotros explicar exactamente cómo funcionan estas doce puertas, porque ustedes no cuentan con un vocabulario en esta área.

Cathie: ¿Ya que es un lenguaje de la Luz?

Alariel: Sí, y es tanto sutil como vasto. Si tan solo supieran cuán vasto es esto, incluso cuán vasto es su ADN. Ya saben que contiene rastros de su pasado ancestral, tendencias, limitaciones, predisposiciones hacia la debilidad y enfermedad, y más. Ustedes saben algo de la parte histórica que carga su ADN y, si ponen eso junto con el funcionamiento actual de su ADN en su vida presente, ya es un comienzo. Pero también existe la habilidad del ADN de ser una pista de su futuro, de delinear el desarrollo de la consciencia en muchos niveles. Si juntan todo eso, entonces verán cuán vasto es su ADN.

Muchos de los altos niveles del ADN son multidimensionales, no son para nada físicos, y continúan subiendo, ascendiendo hacia la consciencia. Están ahí como una pista, un patrón de todo su desarrollo futuro. Ellos marcan su ascenso hacia seres de más alta vibración, marcan su progreso hasta la ascensión y más allá. Tienen una gran cantidad de aprendizaje y crecimiento por hacer, ¡es por eso que tienen una gran cantidad de ADN!

Cathie: Absolutamente.

Alariel: No es «ADN basura», digan lo que les digan. Todo está ahí con un propósito.

Cathie: ¿Hemos preguntado todo lo que Stuart necesita saber para escribir acerca de la concepción por Luz?

Alariel: Sí, lo han hecho, y estamos bastante agradecidos contigo por descifrar los elementos en este tema. Stuart no hubiera podido hacerlo por sí mismo, no tiene el entrenamiento ni los antecedentes en biología que tú tienes.

Joanna: Pero es por eso que trabajamos como un equipo.

Alariel: Sin duda. Todas las piezas de su rompecabezas encajan para formar una imagen más grande.

Cathie: Gracias.

Esta ha sido una sesión asombrosa, con mucha información nueva viniendo de ella. Las implicaciones de esta declaración de Alariel son demasiado profundas y enriquecedoras. Si los descendientes de María Magdalena que están viviendo ahora son sus descendientes genéticamente y NO de Jeshua (ya que el padre contribuye en un nivel no físico del ADN para el proceso de la concepción por Luz), entonces esto pone toda la idea de un linaje sagrado en un contexto completamente nuevo.

Lo que podemos ver emergiendo de esto es una comprensión espiritual que trasciende la percepción previa más materialista. Mientras que algunas personas pueden considerar a los descendientes de Jeshua como candidatos ideales de ciudadanos nacionales, una comprensión más profunda revela una perspectiva más avanzada que no concierne la sucesión de la dinastía ni poder temporal.

Nota: Después de haber completado este capítulo, comenzamos a investigar material sobre el ADN, y la información más avanzada que encontramos provino de Kryon en www.kryon.com/seminar

21.
El poder de Magdalena

Joanna: ¿Qué es lo que ven como la verdadera importancia de María Magdalena y su relevancia hoy en día?

Alariel: La verdadera importancia de Magdalena es su rol como una mujer empoderada e iluminada. Ella se destaca por su inspiración continua para mujeres de todo el mundo.

Joanna: Y nuestro mundo ha cambiado mucho en los últimos dos mil años.

Alariel: Sí, y su mundo está ahora moviéndose hacia un estado en donde cada uno de ustedes se está volviendo su propio soberano y su propio sacerdote o sacerdotisa. ¿En dónde dejará eso a las organizaciones que han provisto esas funciones para ustedes en el pasado?

Considerando esto, la pregunta clave es en dónde reside la autoridad. Las enseñanzas de Jeshua establecieron firmemente la autoridad dentro del poder transformativo del Espíritu. Esto está claramente reflejado en uno de los resúmenes angelicales de sus enseñanzas:

El Espíritu de Dios, trabajando como milagro del cambio en el corazón, se convierte en la autoridad suprema, el agente de transformación y el juez de la verdad.

Dentro del grupo que rodeaba a Jeshua, la portadora más clara de esa verdad era María Magdalena.

Joanna: Seguramente es una paradoja el hecho de que, María Magdalena, la más brillante y mejor discípula, y el ser humano más cercano a Jeshua, debería volverse tan temida y despreciada por las iglesias establecidas en su nombre. ¿Cómo pudo suceder esto?

Alariel: Jeshua la solía llamar «la mujer que comprende el Todo», y fue precisamente su efectividad como discípula, lo que la volvió tan poderosa. Incluso si NO hubiera sido la pareja espiritual de Jeshua, su posición como una de sus discípulas más exitosas, hubiera sido un reto continuo para la autoridad de base de poder patriarcal dentro de la iglesia emergente. Los primeros padres de la iglesia estaban felices de aceptar a María como la primera «testigo de la resurrección», pero querían confinarla a un rol de testigo y evitar que se volviera reconocida como maestra. Todos los demás apóstoles podían enseñar y volverse líderes de la iglesia emergente, pero se esperaba que María permaneciera en silencio y solo fuera una testigo más, un apóstol de los apóstoles, pero no del mundo.

Los primeros padres de la iglesia no podían tolerar la idea de una mujer que fuera maestra por derecho propio. Y deseaban mover a la iglesia hacia una dirección donde, con el paso del tiempo, consolidara el control patriarcal. Ellos ya habían comenzado a desarrollar el cristianismo desde sus inicios como una presentación centrada en Dios, cambiando progresivamente hasta que se convirtiera en una presentación centrada en el salvador, enfocada en un héroe salvador divino. El concepto de un héroe divino era familiar para todos aquellos que provenían de una cultura helénica o romana, pero bastante ajena a la tradición judía. Los judíos percibían a su tan esperado mesías como un rey de la línea davídica, un gran profeta y el restaurador de la independencia y gloria para Israel, pero NO como el hijo de Dios. La tradición judía era bastante diferente de la cultura helénica acorde a esto: un griego podía aspirar a convertirse en un dios, pero los judíos percibían a Dios y a la humanidad como seres distintos y estrictamente separados.

Los primeros padres de la iglesia no se retuvieron por ninguna restricción de este tipo, y comenzaron a borrar los límites que separaban al humano Jeshua del Jesús Divino. En ese contexto, María Magdalena fue un mayor obstáculo para las ambiciones de la iglesia. El rol de María como la compañera espiritual de Jeshua atrajo la atención hacia su humanismo, en un tiempo en que los líderes de la iglesia querían enfatizar su divinidad como una forma de incrementar su poder y autoridad. Ellos concluían que, mientras más poderoso era el fundador de una religión, sus sacerdotes podrían comandar más poder y respeto.

Los líderes de la iglesia vieron la creciente veneración de María Magdalena como una amenaza directa hacia su base de poder, y del concepto del Jesús Divino que ellos deseaban presentar. En lugar de arriesgar su presentación y de socavar su poder, los primeros padres de la iglesia se prepararon para injuriar a María Magdalena y acusarla falsamente de ser una prostituta.

El trato de la iglesia hacia María no es solamente una gran paradoja, sino una de las mayores injusticias del mundo occidental. Es apenas ahora que, después de tantos años, se ha expuesto esa injusticia.

Joanna: Ciertamente, parece que la habilidad de María Magdalena por influenciar e inspirar está aumentando, en lugar de disminuyendo.

Alariel: *El poder de Magdalena no disminuye ni se marchita con el paso del tiempo: ella es la guía del Camino, encarnando la energía y sabiduría de la sagrada feminidad e inspirando a otros a hacer lo mismo. Ella tenía una posición única entre los discípulos de Jeshua y demostró en su vida el poder transformador del Espíritu. La habilidad de María Magdalena de sintonizarse al poder del Espíritu, fue lo que le dio el más completo entendimiento del Todo. Mientras que los discípulos de Jeshua pudieron ser capaces de captar el Todo de forma intelectual, ella absorbió el Todo en cada nivel de su ser y, por tanto, se volvió el patrón vivo ideal de lo que debería ser el discipulado.*

María Magdalena y Jeshua demostraron una nueva forma de compañerismo entre dos seres avanzados. Su trabajo anclando la energía del amor en la matriz de la Tierra, estableció las bases para la futura expansión de la Luz sobre este planeta. Y su compañerismo proveyó un nuevo modelo para inspirar a los seres humanos a alcanzar las más altas frecuencias de entendimiento y colaboración.

A través de este nuevo modelo, ustedes comienzan a vislumbrar un mejor camino por delante, con hombre y mujer trabajando juntos en mayor armonía, en donde cada uno respeta los diferentes talentos y habilidades del otro. Cuando comienzan a absorber y actuar bajo este principio, inevitablemente les conducirá a un replanteamiento de toda base de las relaciones. Entonces, el compañerismo de Jeshua y María Magdalena fue verdadero, pero también profundamente simbólico:

El compañerismo de Jeshua y María Magdalena refleja el equilibrio primordial del Dios Padre-Madre, que reside en el corazón del universo.

Es por esto que la imagen de Jeshua y María Magdalena, como pareja avanzando de la mano, tiene tanto poder para mover mentes y corazones. Ellos encarnan un compañerismo mayor entre hombre y mujer, pero también señalan hacia una verdad fundamental acerca de Dios y el universo.

Este es el mensaje que la relación de Jeshua y María Magdalena envía al mundo.

Esta es la verdad que su civilización ha suprimido y negado por tanto tiempo.

Esta es la realidad que ahora se les reta a conocer y aceptar.

Comentario de Stuart: Fue fascinante observar a Alariel desentrañando las hebras que contribuyen al poder de María Magdalena. Aquí comenzamos a ver un destello del significado subyacente real y la singularidad de María, y esto abre muchas preguntas acerca de su influencia perdurable.

¿Es por eso que ella aún puede inspirarnos y guiarnos, en cierta forma que aún es relevante en el mundo moderno?

¿Es este el verdadero secreto del poder de Magdalena?

¿Es por esto que nos habla tan claro a lo largo de los siglos, a pesar de los esfuerzos por silenciarla?

¿Es tan subversiva y extraña la idea del Dios Padre-Madre que ella representa, o es la naturaleza fundamental de la realidad?

¿Es esta una idea a la cual ha llegado su momento?

Parte seis:

Traducción de una vida pasada

Continuó nuestro trabajo con regresiones a vidas pasadas, incluida una sesión en alemán, gracias a una traductora brillante.

Capítulo 1: La historia comienza

22.
Canales de Luz y el templo de Isis

En agosto del 2006 nos aventuramos a un territorio completamente nuevo, experimentando con una regresión a vida pasada en alemán.

Joanna escribe: Nunca antes había realizado una regresión a vida pasada de forma multilingüe, pero estaba dispuesta a intentarlo. No fue fácil, pero la sesión resultó bien. Isabel Zaplana demostró ser una traductora incansable y bastante hábil; su intervención fue el factor vital que convirtió esta sesión en un gran éxito.

Durante esta sesión nos enfocamos en la hermana de Michael Schaefer, la doctora Ingrid Bretchel, que vive en Weinheim, Alemania. Ingrid respondía a mis preguntas en alemán, con una traducción al inglés por Isabel. Habiendo establecido conexión con una vida en la época de Jeshua, así es como se desarrolló la sesión:

Ingrid: Una imagen de Jeshua... yo me encuentro de pie frente a él... y hay figuras geométricas sobre él. Las figuras geométricas están conectadas con una bola de luz. Es como un campo energético que se está formando alrededor de nosotros con colores. Hay cristales... detrás de Jeshua hay cristales y hay información, proveniente de los cristales, que está entrando en la comunicación.
Joanna: ¿Algo de esa comunicación debe ser compartida en este momento? (hubo una pausa y yo percibí un sentimiento de tristeza).
Joanna: ¿Sientes tristeza en este momento?
Ingrid: Sí. Hay una tensión que está bloqueando la información. Siento una tensión en la garganta... sí, sí. Ahora la tensión se está relajando y todo está muy luminoso, blanco y luminoso. Todo está bien.
Joanna: Si existe alguna emoción por liberar, déjala ir, ya que así la historia llegará de forma más clara.

Ingrid: Esta información está volviendo porque sabemos qué es lo que sucederá. Sabemos que la mayor parte fue planeada.

Joanna: ¿Hay algo que quisieras decirle a Jeshua?

Ingrid: Estoy manteniendo esta estructura que me has dado.

Joanna: ¿Estás feliz de tener esta estructura?

Ingrid: Sí.

Joanna: ¿Y permanece contigo por siempre?

Ingrid: Sí. (Suspira profundamente).

Joanna: ¿Hay más cosas que quieras decirle a Jeshua?

Ingrid: Hay una conexión bastante fuerte con él. Esta energía está aquí, profundamente. Ahora se ha activado.

En este punto sentimos la presencia de una gran energía en la habitación.

Joanna: ¿Esta información se le dio a más personas?

Ingrid: No. Muchas personas recibieron esta energía, pero en ese entonces no estaba activada.

Joanna: ¿Tú eres una de las personas que pueden ayudar a activar esto en otros?

Ingrid: Sí.

Joanna: ¿Es este uno de los trabajos que has venido a realizar?

Ingrid: Sí, sí.

Joanna: ¿Te gustaría decirnos algo acerca de esto?

Ingrid: Sí. Tuve que contenerme durante mi entrenamiento en el templo de Isis, en donde sucedió la activación de los cristales. A partir de ahí, esto lleva inmediatamente hasta un punto de Luz, que estaba bastante lejos y hay otra conexión que es bastante poderosa. Esta conexión, el cristal y la estructura cuando es activada, trabaja en el bloqueo en la cabeza y comienza a liberarlo. La disolución de este bloqueo libera una gran cantidad de energía. Puedo verlo ahora... Ahora puedo ver claramente el rostro de Jeshua. No éramos capaces de decir muchas cosas anteriormente.

Joanna: ¿Tu entrenamiento involucra intercambios energéticos y telepatía?

Ingrid: Sí.

Joanna: ¿Es un trabajo difícil de hacer?

Ingrid: Sí. Hay solo unos pocos seres que pueden pasar por este entrenamiento.

Joanna: ¿Cuál fue el propósito de este entrenamiento?

Ingrid: Una conexión fuerte con el centro de la Tierra para mantener abierto un canal de Luz, para que este canal pueda traer energía e información a la Tierra.

Joanna: ¿Había también una conexión con la gente bajo la superficie de la Tierra?

Ingrid: Sí, había una conexión entre la gente y los cristales. Y todos esos cristales son seres y están trabajando con la Luz y el amor.

Joanna: ¿Esto traía Luz a la Tierra porque la Tierra se había vuelto muy oscura?

Ingrid: Y este trabajo hubiera podido también evitar la necesidad de la crucifixión. La oscuridad fue la causa del bloqueo aquí (señaló el tercer ojo).

Joanna: Entonces esta energía se necesitaba para traer Luz y amor al planeta, ¿también para apoyar a Jeshua y María?

Ingrid: Sí.

Joanna: ¿Venía a la gente cercana a ellos y desde ahí se esparcía?

Ingrid: Sí.

Joanna: Jeshua y María mantenían el enfoque central de la Luz, pero ¿era la Luz también alimento para ellos, para que pudieran mantenerse fuertes?

Ingrid: Exactamente. Nuestro grupo en el templo de Isis estaba ayudando con este trabajo. Ellos se estaban preparando desde hace algún tiempo.

Joanna: ¿Y después ustedes le enseñaban a los nuevos jóvenes que llegaban?

Ingrid: Sí… No estuvimos ahí físicamente durante la crucifixión.

Joanna: ¿Se habían ido a otra dimensión?

Ingrid: Sí.

Joanna: ¿Estaban también trabajando con las sacerdotisas en el templo de Isis antes de que entraran en la otra dimensión?

Ingrid: Teníamos estos medios de comunicación, este canal que era claro y todo se puso a través de él.

Comentario de Stuart: Este fragmento es interesante porque lo que vemos aquí es una estructura de apoyo para el proceso de trabajo con la energía combinada de Luz y amor, que era tan central para la misión de Jeshua y María Magdalena. Si bien estos dos patrones espirituales mantenían el enfoque central para esta operación, la hermandad de Isis estaba claramente proveyendo conexiones de poder sutiles, lo que hizo que todo el proyecto fuera posible. Por lo tanto, aunque Jeshua y María Magdalena permanecieran siendo los indudables líderes de este equipo, el trabajo habilidoso y altamente entrenado de otros, también hizo una contribución significativa.

La sesión continúa:

Joanna: Observando desde la otra dimensión, ¿qué es lo que percibes que está sucediendo en ese momento sobre la Tierra?
Ingrid: Había muchos canales de Luz que estaban construidos y se mantenían abiertos, pero había un gran estrés e irritación sobre el planeta y en la gente.
Joanna: ¿Antes de la crucifixión?
Ingrid: Sí. También había seres que no debían estar ahí y estaban interfiriendo.
Joanna: ¿Seres de los cielos?
Ingrid: Sí, sí. Cuando esta energía se active y se disperse por completo a lo largo de la Tierra, esos seres no serán más capaces de interferir.
Joanna: Desde tu perspectiva observando hacia abajo, ¿de qué se trató la crucifixión de Jeshua?
Ingrid: Fue como abrir un nuevo canal de comunicación, con un fuerte color violeta en él, y un canal hacia otras dimensiones, a otra figuras, a otros elementos y materiales, sí. Pero Jeshua no murió en la cruz.
Joanna: ¿Ya que tenía más trabajo por hacer?
Ingrid: Sí.
Joanna: ¿Era más bien como una iniciación espiritual para él?
Ingrid: Sí.
Joanna: ¿Entonces tu trabajo terminó después de la crucifixión?
Ingrid: No.
Joanna: ¿Tu trabajo ayudó a traer la energía del amor al planeta?
Ingrid: Sí.
Joanna: ¿El ver esas figuras geométricas nos abre a nosotros hacia el nuevo mundo que está por venir?

Ingrid: Estas estructuras ya están ahí, en la Tierra, pero no físicamente presentes sobre la Tierra.
Joanna: ¿A pesar de que todos hayan sido afectados por ellas, solo unas pocas personas pueden verlas?
Ingrid: Todo está listo para el nuevo mundo.
Stuart: ¿Los patrones geométricos están desencadenando nuevos estados de consciencia?
Ingrid: Es solo el comienzo. Estas nuevas estructuras de la nueva consciencia están aún muy delgadas... son una cubierta delgada sobre la Tierra. Se están construyendo a través de los canales de Luz que están aquí.
Joanna: ¿El ayudar a otras personas a aumentar su consciencia, está fortaleciendo esas estructuras?
Ingrid: Sí. También hay canales de otros universos que están trayendo Luz para fortalecer esas estructuras.
Joanna: ¿Entonces los vórtices energéticos que provienen de los cielos están trabajando con las energías de la Tierra?
Ingrid: Sí.
Joanna: ¿Algunos de esos puntos de energía son portales interdimensionales?
Ingrid: Sí. Y le ayudan a más niños, más seres a venir a la Tierra.
Stuart: ¿Los nuevos niños serán capaces de trabajar con esas estructuras?
Ingrid: Sí. Los nuevos niños tendrán una estructura física muy diferente, una geometría distinta. Los nuevos niños anclan la energía aquí.
Joanna: ¿Hay algo más que quieras decir acerca de Jeshua y la crucifixión?
Ingrid: La crucifixión ahora se siente completamente diferente.
Joanna: ¿Es este un mensaje que debamos darle a todo el mundo?
Ingrid: Sí, sí. Un momento (hubo una pausa). Mencionamos a Jeshua como una persona muy física, pero él no tuvo mucho dolor físico porque él era Luz, un ser de Luz.
Stuart: ¿Entonces ahora podemos ver la crucifixión de forma un poco más ligera?
Ingrid: Sí; ya que la energía de Dios no podía pasar, la crucifixión fue necesaria para abrir los canales de Luz. En el momento de la crucifixión, los canales de miedo, dolor y tristeza eran los

dominantes. Había este bloqueo horizontal para que la gente solo pudiera ver de forma muy limitada.

Joanna: ¿Así que al momento de la crucifixión la gente estaba sintiendo dolor y miedo?

Ingrid: Y la cruz era un símbolo para eso. La línea horizontal era el bloqueo para toda la energía de Luz y sanación.

Joanna: ¿Y la crucifixión rompió eso para que la Luz pudiera descender?

Ingrid: Si podemos traer este concepto nuevo a la gente y remover la imagen de Jeshua sufriendo de dolor en la cruz, entonces podemos liberar a la gente del miedo, del dolor y la tristeza.

Joanna: ¿Cómo podemos continuar trabajando juntos?

Ingrid: Si podemos sentir el canal de Luz que prepararon incluso antes de Egipto y el templo de Isis, antes de la crucifixión, si nos sintonizamos a él, entonces será instaurado en nuestras células y llevaremos esta energía a donde sea que vayamos.

Joanna: ¿Eso irá al campo áurico?

Ingrid: Sí. Cada uno tiene su geometría específica que se conecta con la Luz. Es diferente de persona a persona. Jeshua hablaba frecuentemente acerca de las energías dentro de nosotros que se corresponden con las estrellas y los universos. Cuando él hablaba, sus palabras formaban patrones de Luz. Cuando Jeshua enseñaba, enfocaba puntos de Luz y había un campo energético que se formaba alrededor de quienes lo escuchaban. Es bueno ser consciente, tener conocimiento sobre estos canales de Luz y trabajar con los seres de Luz sobre la Tierra. Hay una conexión fuerte con los cristales y los delfines. A través de ellos, se está abriendo un nuevo canal de Luz.

Esta ha sido una sesión con una energía notablemente clara y enfocada. Estamos muy agradecidos con Ingrid por brindarnos la oportunidad de explorar estas áreas sutiles de trabajo de Luz. No es común que una regresión a vidas pasadas se enfoque en un trabajo de energía tan alta y sutil, y eso hizo que fuera una sesión particularmente significativa y memorable para nosotros.

Sintonizarnos al canal de Luz parece ser algo muy positivo por hacer, y la habilidad de conservar Luz en nuestras células y «llevar esta energía a donde sea que vayamos», es un concepto inspirador.

Parte siete:

Los nuevos niños

Himno de los nuevos niños

Somos los constructores del alba,
los buscadores de la Luz,
los caminantes gentiles de la Tierra,
dando a luz a la era venidera,
desde la noche que se desvanece.

Somos los cantantes de las estrellas,
los bailarines del día,
los sembradores de una semilla más sabia,
respondiendo a las necesidades de este planeta
para encontrar un mejor camino.

Stuart Wilson

23.
El panorama más amplio

Alariel: Para trascender sus limitaciones y ver el panorama más amplio, necesitan tener una consciencia equilibrada, una que no tenga bloqueos o distorsiones mayores. Cualquier bloqueo o limitación disminuye la habilidad de uno para ver el panorama más amplio. Por ejemplo, el pensar en términos de categorías rígidas como cajas autocontenidas, te aleja de una percepción holística de las cosas. Solo distorsionarás tu pensamiento imaginando una hermandad esenia completamente separada, un movimiento cátaro separado, etc. Estas categorías se fusionan la una con la otra de forma dinámica, para que haya un solo continuo de vida proyectado a través del proceso de encarnación durante largos periodos. Siendo así, las mismas almas que experimentaron la vida en las comunidades esenias, siguieron adelante para convertirse en gnósticos, cátaros y franciscanos. Muchos de ellos están de vuelta en encarnaciones como trabajadores de la Luz, y algunos otros están reapareciendo ahora como los nuevos niños. Los nuevos niños vienen de una gran variedad de fuentes, y exploraremos esas fuentes más adelante, pero, por el momento, solo enfóquense en la idea de que algunos de estos niños vendrán de la corriente de experiencias esenia/gnóstica/cátara/franciscana.

Comentario de Stuart: Esta es una forma completamente fresca de mirar a los nuevos niños, aquellos niños con dones especiales y talentos, quienes están naciendo ahora en números crecientes. Viendo al menos una parte de este grupo como la culminación de todo un ciclo de experiencia evolutiva, nos ayuda a integrar a los nuevos niños al amplio espectro de la evolución espiritual.

La sesión continúa:

Alariel: Las percepciones y los valores pueden cambiar a medida que se mueven a través de periodos históricos, pero el enfoque en el alma continúa siendo el mismo. Los seres humanos tienden a reencarnar en grupos de almas: hay un grupo esenio, uno budista, uno musulmán y uno humanista, entre otros muchos grupos. A menudo hay un solo maestro central que inspira la totalidad del grupo álmico, y para los esenios, éste es Jeshua benJoseph.

Los miembros del grupo álmico intentan (cuando están en conferencia con sus consejeros angelicales en la intervida), arreglar su encarnación al mismo tiempo que su maestro, o uno de sus discípulos líderes (como Juan, quien se volvió Francisco de Asís), para que no solamente puedan aprender de esos maestros espirituales, sino que puedan también ayudar y apoyarlos en su trabajo. Así que, de esta forma, cada grupo álmico se vuelve no solo una comunidad intensa proyectada a lo largo del tiempo, sino también un equipo dedicado e integrados cercanamente. Mientras más visualices a estos grupos álmicos moviéndose a lo largo del tiempo, cambiando la presentación, pero manteniendo su esencia, más podrás escapar de la estrechez de las categorías rígidas.

Pero el pensar en términos de categorías rígidas es solo una forma de limitación. E incluso cuando estaban completamente libres de las limitaciones culturales más generales, que comparten con su grupo de semejantes, su consciencia puede estar aún bloqueada y distorsionada en aquellas áreas en donde los asuntos dentro de la psique permanecen sin resolver.

Una verdad que se relaciona con una herida de la psique es algo muy difícil de ver, asimilar y comprender para un ser humano, algún área de «asuntos sin resolver», en donde la sanación aún tiene que llevarse a cabo. Cuando la sanación sucede, se restaura la comprensión de la verdad vinculada a esa área, y eres capaz de ver las cosas con una nueva claridad.

Las limitaciones en la psique bloquean la percepción de la verdad y la sanación de esas limitaciones restauran el conocimiento y comprensión de la consciencia. Por lo tanto, mientras más limitaciones has removido de tu psique, más claramente puedes ver las cosas como realmente son, permitiéndote asimilar el panorama más amplio, el amplio espectro de desarrollo y evolución espiritual.

Comentario de Joanna: Muchos de los «antiguos esenios» han elegido encarnar en esta vida en infancias muy difíciles, para poder comprender el tipo de problemas y bloqueos que mucha gente experimenta. Muchos se han vuelto sanadores y trabajan en alguna profesión asistencial. Estas almas viejas han tomado estos retos de vida para el crecimiento de su alma.

24.
Los nuevos niños

Estábamos intrigados cuando Alariel nos dijo que el trabajo de su grupo estaba cambiando, y se volvió claro que el enfoque total del grupo era ser realineados hacia una nueva dirección.

Joanna: ¿Podrías por favor contarnos acerca del nuevo trabajo en que su grupo está ahora involucrado?

Alariel: La naturaleza de nuestro trabajo es cambiar y nuestro grupo le está brindando ahora mucha de su atención a los nuevos niños. Toda la humanidad está experimentando un arco de transformación que moverá su consciencia hacia adelante, en un índice en que hubiera parecido imposible hace apenas pocos años. Parte de este arco de transformación es la siembra en la Tierra de una nueva clase de seres humanos, personas que son mucho más flexibles y abiertas al cambio. Estos pioneros serán los exponentes de una nueva consciencia en la Tierra, y su trabajo iniciará una nueva alba en la evolución espiritual de la humanidad. Estos nuevos niños están naciendo ahora, por todo el mundo, en mayor y mayor cantidad, y pronto formarán un porcentaje significativo de la población mundial.

Joanna: ¿Qué nombre le darían de forma colectiva a todos estos nuevos niños? Han sido llamados «los niños del nuevo mundo» y «niños de la nueva Tierra».

Alariel: Sí, me agradan esos nombres, pero quizá sean un poco largos para su uso general. Es por eso que les llamamos «los nuevos niños». Primero, nos gustaría proveer un breve esbozo de estos nuevos niños para darles algún tipo de contexto.

Hay cuatro grupos principales involucrados:

<u>Niños índigo</u>, nacidos alrededor de 1930 en adelante, pero llegando primero en grandes grupos en los años 70. Los índigos son inteligentes, alertas, sensitivos, poderosos y

vibran a niveles más altos que los niños promedio. Tienen un amplio rango de creatividad, poderes y habilidades relacionadas con la sanación y consciencia, los cuales desarrollan de forma natural a medida que crecen. No tienen interés en ningún sistema rígido del pasado y son adeptos a romper barreras y ser pioneros en nuevas formas de vida. Debido a esto, con frecuencia aparecen como figuras rebeldes ante sus propios grupos de semejantes.

<u>Niños súper psíquicos</u>, de alrededor de 1950 en adelante, aunque uno o dos aparecieron unos cuantos años antes de esto (tal como Uri Geller). Los súper psíquicos poseen un amplio rango de poderes psíquicos y paranormales, incluida la telequinesis y la habilidad para «leer» material impreso utilizando una mano o pie en lugar de los ojos.

Los súper psíquicos son desafiantes para cualquiera con un entrenamiento científico: pueden trascender muchas de las reglas establecidas de la física, y hacen esto de forma natural y con gran facilidad. Están aquí para expandir lo que creen que es posible, cuando se trata de materia física.

<u>Niños cristal</u>, nacidos alrededor de 1980 en adelante, con grandes números llegando a partir de 1990. Los cristales son:

1. Poderosos, pero hipersensitivos y empáticos.
2. Altamente inteligentes, pero con frecuencia intuitivos en lugar de académicos.
3. Aceptan y son inclusivos, en lugar de juiciosos.
4. Altamente sintonizados con un gran rango de energías sutiles, incluidas las energías angelicales. (Esto no significa que los cristales sean pequeños ángeles todo el tiempo, ¡en especial cuando son jóvenes!)
5. Enfocados en el ahora e indiferentes a cualquier información que se concentre en el pasado.
6. Más inclinados a compartir que a competir.
7. Profundamente involucrados en la práctica de la unicidad (o consciencia de la unidad).

<u>Niños arcoíris</u>, *nacidos alrededor del año 2000 en adelante. Los arcoíris son los herederos de toda la reconstrucción de las nuevas energías. Estos seres inteligentes y gentiles representan la creatividad más allá del ego, la vida más allá de la separación y el logro más allá del sufrimiento. Para los arcoíris, es fácil y natural el desempeño a altos y sutiles niveles de consciencia, quienes simplemente fluyen a través de la vida de forma que cualquier otro niño pudiera considerar asombroso.*

Los niños súper psíquicos están en una categoría un poco separada de los otros tres grupos. Índigos, cristales y arcoíris forman el flujo principal evolutivo, y son capaces de transformar la consciencia en formas que los humanos autóctonos (permítanos llamarles los «originales») encuentran difícil de comprender. Los niños índigo, cristal y arcoíris adquieren sus nombres de los colores en el campo áurico que los rodea.

Intenten pensar en los nuevos niños como una oleada poderosa y fluida de evolución espiritual, que puede trascender la rigidez normal de la consciencia, que ha sido dada por sentado por mucho tiempo. La oleada es fluida en el sentido de que un niño puede nacer como un índigo y después moverse para convertirse en un cristal, o ser nacido como un cristal y moverse para convertirse en un arcoíris. A medida que su consciencia se expande y desarrolla, es natural para estos niños el moverse hacia áreas más sutiles y complejas de la consciencia, para que la transición entre etapas les sea fácil.

Los súper psíquicos pertenecen a una corriente evolucionaria diferente, y no fluyen con tanta facilidad de un grupo al otro dentro del patrón triple de índigo-cristal-arcoíris. La mayoría de estos son almas avanzadas que se han graduado de una serie de vidas chamánicas dentro de la corriente evolutiva de los originales, a pesar de que hay un grupo pequeño viniendo de culturas similares de cualquier parte de la galaxia. Son usualmente anclados a la tierra de forma notable y tienen una conexión fuerte con la Tierra. Esto es en contraste con la oleada índigo-cristal-arcoíris, que son mucho más unidos estelarmente, ya que muchos de estos niños han venido (directa o indirectamente) de un gran número de sistemas solares avanzados.

Comentario de Joanna: Entendemos que incluso los «originales» pueden moverse para convertirse en cristales y arcoíris, y hay algo de evidencia de esto en las fotografías áuricas que han sido tomadas en la última década.

La sesión continúa:

Joanna: El consenso general de la opinión presente es que los índigos no llegaron hasta los años 70.

Alariel: Si se remontan a los años 30, habrá pocos índigos, permítanos llamarles «exploradores». Su trabajo era probar las condiciones vibracionales del planeta Tierra y reportarlo durante los estados de sueño al principal cuerpo de almas que planeaban venir aquí como índigos. Las condiciones estaban mejorando a mediados de los años 30 y, por un tiempo, pareció que la oleada principal sería capaz de llegar alrededor de 1940. Pero después, el mundo se deslizó cuesta abajo hacia el conflicto y el caos durante la segunda guerra mundial, y la principal oleada fue pospuesta. Durante esa guerra vinieron muy pocos índigos, en realidad solo aquellos que sabían que debían alcanzar una cierta edad para los años 70 y 80 para realizar algún trabajo en específico. Después de la guerra, las condiciones vibracionales se retrasaron por la guerra fría, de modo que las secuelas de la segunda guerra mundial en realidad se prolongaron a lo largo de los años 50 y 60. Fue solo para los años 70 que las condiciones vibracionales comenzaron a subir lo suficiente para hacer viable la primera oleada de índigos. Habían estado formándose en la intervida, podemos asegurarles, y estaban ansiosos por venir, pero las condiciones debían ser las correctas para ellos.

Así que hubo unos pocos exploradores examinando las condiciones, pero en todo caso, las principales oleadas llegaron después y, en el caso de los índigos, mucho después.

Debido a estos «primeros exploradores» y patrón de «oleada principal», es extremadamente difícil asignar fechas a estas oleadas, simplemente observando las posibles llegadas dentro de estas categorías, a medida que comenzaban a encarnar. Solamente observando a las almas descendiendo hacia la encarnación, comienza a volverse claro el patrón general y la escala de tiempo global.

Joanna: ¿Por qué comenzaron estos niños a venir durante los años 30? ¿Qué fue tan especial en aquella época?

Alariel: *A partir de 1930, varios códigos comenzaron a encenderse en la matriz energética de la Tierra. Este fue el comienzo de un ciclo de despertar mayor para Gaia. A partir de ese punto, la humanidad, paralelamente a Gaia, comenzó a descristalizarse desde la forma para dirigirse hacia el flujo del Espíritu.*

Para que el planeta pasara por este cambio amable, era esencial el rompimiento de viejas condiciones en la consciencia, porque Gaia y la consciencia de la humanidad están ahora unidas en un continuo de energía. Debido a que están unidas la consciencia de la humanidad y la de Gaia, la energía de la consciencia humana es un componente vital en el proceso de transformación. Esto significa que Gaia solo puede viajar hacia adelante vibracionalmente a la velocidad de la mayoría de almas humanas, pero a través de esta unión, a estas almas se les presenta ahora una oportunidad única para elevarse en consciencia, de una forma que normalmente tomaría muchas vidas para lograrlo.

Debido a que esta situación es tan importante y es única en su historia, un sistema único de ayuda y apoyo se ha puesto a lugar para permitir que la mayor cantidad de seres humanos posibles tomen ventaja de esta oportunidad. Sus ancestros trabajaron hasta el cansancio a través de muchas vidas para alcanzar niveles avanzados de consciencia. A ustedes se les ha dado la oportunidad de hacer una transformación similar en solo unos pocos años.

Parte de este proceso de ayuda y apoyo es la cercanía y accesibilidad del mundo angelical, y otra parte es la llegada de los nuevos niños a su planeta.

Cada uno de los cuatro grupos principales contribuye al proceso del cambio en su propia manera única:

Los índigos rompen estructuras.

Los súper psíquicos rompen la rigidez de la mente científica.

Los cristales rompen la ilusión de separación.

Los arcoíris construyen sobre esas bases al demostrar la unidad y el vivir de forma creativa y cooperativa.

Juntos, los nuevos niños forman un sistema completo para romper la rigidez, comenzando a nivel de la estructura, moviéndose a través de los niveles mental y emocional, y culminando con la consciencia.

Comentario de Joanna: También creo que hay cristales con algunos elementos arcoíris (y viceversa), así que no creo que las categorías sean totalmente rígidas.

La sesión continúa:

Joanna: Seguramente siempre ha habido niños superdotados nacidos en la Tierra. ¿Por qué son tan diferentes estos niños?
Alariel. Sí, ha habido niños dotados y superdotados a lo largo de su *historia, pero por favor reconozcan que esos niños son de una orden bastante diferente. Ya que en su pasado los niños dotados eran los más brillantes y mejores del flujo de los originales, estaban aún atados por las limitaciones de la consciencia humana como un todo, y sus habilidades, aunque sorprendentes, eran esencialmente habilidades humanas muy*

desarrolladas. Los nuevos niños están llegando de una gran variedad de sistemas estelares avanzados, y estaban acostumbrados a utilizar poderes sorprendentes y sutiles en sus sistemas estelares de origen. Mientras que un niño dotado de la corriente original hubiera sido premiado con respeto y admiración, algunos de estos nuevos niños generarán lo que solo podemos llamar asombro. Sus habilidades son de una orden completamente diferente, y no están limitados por la cultura de la Tierra ni por la historia de la Tierra. Si tomamos a los cristales, por ejemplo, el por qué alguien desearía estudiar historia simplemente los desconcertaría. La perspectiva de los cristales puede resumirse así:

El estudio de la historia te ata a los paradigmas de tus ancestros: en lo que deberías enfocarte es en el futuro, los paradigmas de tus hijos.

Lo que es también notable acerca de los nuevos niños es el grado en el que instintivamente e intuitivamente comparten una filosofía en común, y están decididos a aplicar esta filosofía en sus vidas de forma práctica, pase lo que pase. Cuando hablamos de «filosofía», no nos referimos a una serie de conceptos académicos interconectados, sino un tema en común y bases de creencias. Este tema es la unicidad de toda la vida, una unicidad que puede ser explorada de forma intelectual e intuitiva, pero que se siente y es reconocida en el corazón.

A pesar de que el compromiso a la unicidad está compartido por todos los nuevos niños, emerge como una característica distintiva y clave de los cristales, y está detrás de su enfoque en la paz y cero violencia. Para los cristales, la separación es una ilusión, una mentira, porque se percatan de que la unicidad es la realidad profunda de las cosas. Los cristales no necesitan aprender ni estudiar la unicidad, ellos llegan a su encarnación simplemente sabiéndolo.

Los niños cristal están aquí para enseñar el amor y cómo trascender todos los conflictos y divisiones del pasado, y *avanzar juntos hacia la unicidad. Debido a su compromiso con la unicidad, los cristales serán pacifistas por naturaleza y conciliadores con su grupo de semejantes y en el mundo vasto cuando alcanzan la madurez. Esta tendencia a ser inclusivos puede emerger a una edad bastante temprana, reaccionando ante cualquier demostración de conflicto o violencia en una forma bastante original y creativa. Incluso los cristales demasiado jóvenes, cuando están sujetos a un ataque físico dentro de su grupo de semejantes, pueden decir algo similar a: «soy tu amigo, ¿por qué querrías golpear a tu amigo?»*

Idealmente, los nuevos niños requerirán una crianza especial y educación específicamente desarrollada para sus necesidades. Probablemente se encontrarán por delante de sus compañeros intelectual y creativamente, y se pueden sentir aislados y rechazados por los originales en su grupo de semejantes. Los nuevos niños pueden aún estar emocionalmente inmaduros y deberán pasar por todas las etapas emocionales comunes durante su desarrollo, ¡y pueden hacer berrinches con una B mayúscula! Algunos tendrán problemas con el habla, ya que están acostumbrados a comunicarse de forma telepática en su planeta de origen, y algunos pueden ser disléxicos.

A pesar de que los nuevos niños son esencialmente seres espirituales, no se imaginen que serán piadosos ni dóciles, sino todo lo contrario. Serán inteligentes, imaginativos, probando y cuestionando, y pueden desafiar todo lo que más aprecias. Tienen una extraña habilidad para descubrir la hipocresía y doble moral, y pueden ser escandalosos en la forma en que exponen las debilidades e incoherencias humanas. En definitiva, ser padre de un niño nuevo va a ser un proceso más desafiante, pero más gratificante, que criar a un niño promedio.

La educación de los nuevos niños requiere una consideración cuidadosa. Estos niños, especialmente los multitalentosos y superdotados niños cristal, simplemente no se acoplarán a un encuadre educacional rígido y limitado. Se desarrollarán más rápidamente que el niño promedio, leerán más temprano y se cuestionarán más profundamente y más rápido, y necesitarán un ambiente de apoyo para este desarrollo.

La educación especializada puede no ser factible para muchos padres, y muchos niños nuevos han elegido ser enseñados en una educación convencional, tan difícil como pueda ser para ellos en ocasiones. Ellos deben mezclarse con los niños convencionales y el tener educación convencional es una forma en que los nuevos niños se ajustan a esta necesidad. Mientras que los índigos pueden brillar en una escuela convencional, ni los cristales ni arcoíris prosperarán en un ambiente tan restrictivo y sobre controlador. Los niños cristal, en particular, tienen necesidades educativas específicas que son difíciles de abordar dentro de cualquier sistema de enseñanza rígido. Los dos sistemas que más se adecúan a los niños cristal son el Montessori y la educación Steiner. De estos dos, el Montessori es el ideal, ya que es un sistema bastante flexible.

Comentario de Stuart: María Montessori (1870-1952) y Rudolf Steiner (1861-1925), establecieron sistemas de educación progresiva, holística y centrada en la infancia.

Comentario de Joanna: Cuando viví en el oeste de Australia, trabajé en un kínder dirigido en las líneas Montessori y, mucho después, en el Reino Unido me entrené para ser una maestra Montessori de Pre-Primaria y Primaria. He trabajado en una escuela Montessori e incluso tuve una escuela Montessori en mi propia casa durante un tiempo. Todos estos antecedentes en la educación Montessori me ayudó a comprender las necesidades especiales de los nuevos niños, y me hace consciente de que una buena escuela Montessori es una excelente forma de educar a estos niños. El sistema Steiner/Waldorf puede ser también recomendado porque es bastante holístico, y he tenido experiencia de primera mano con éste sistema porque dos de mis hijas asistieron a una escuela Steiner por un tiempo. Para los padres que están involucrados con la educación holística, también recomendaría la terapia de renacimiento, como una forma de obtener conocimiento sobre la experiencia del nacimiento y cómo es ser un niño.

La sesión continúa:

Joanna: ¿Los cristales examinan los libros de una nueva forma, y tienen memoria fotográfica?

Alariel: La memoria fotográfica es una habilidad especial, y pocos de los nuevos niños la tendrán, pero no será universal entre ninguno de los subgrupos. Lo que tienen los niños cristal es una capacidad intuitiva altamente desarrollada, y esa capacidad les permite escanear rápidamente los libros, accediendo solo a lo que es significativo y útil, y dejando el resto. Ellos tienen un instinto ante cuáles capítulos y páginas deberían leer, y lo que carece de importancia puede dejarse a un lado. Hay algunos índigos con esta habilidad cristal para escanear rápidamente los libros, leyendo lo importante y saltándose el resto, pero es una habilidad muy rara entre los originales. No es cierta clase de lectura rápida, en donde cada página es leída, es más bien un sentimiento intuitivo de la estructura orgánica y desarrollo del libro, dejando a un lado secciones completas que no son de interés para el lector. Es una sintonización hacia cómo se desarrolla el texto (y cómo la mente del escritor se está moviendo) de manera muy fluida e intuitiva, absorbiendo solo información que es interesante e importante.

Joanna: Existen algunos reportes de niños súper psíquicos siendo capaces de leer a través de sus manos o pies. ¿Cómo funciona esto?

Alariel: Ellos transforman el contenido del libro en energía y leen esa energía. Las manos o pies son sensores energéticos, pero no actúan como ojos observando una página. Cuando llegas al punto en que un libro está impreso, tiene un campo energético, y todo en ese libro se representa en el campo energético. El autor comienza a construir este campo (incluso si es poco consciente de esto), tan pronto él o ella comienzan a planear el libro. Mientras más pensamiento, emoción y esfuerzo se pone en un libro, el campo se vuelve mayor y más poderoso. Es por esto que es casi imposible que un autor simplemente abandone y se olvide del proyecto mayor de un libro; el campo energético se ha vuelto demasiado fuerte.

Ya que estos niños leen la energía, más que las palabras, es por eso que pueden leer una página incluso si se ha arrugado hasta hacerla una pequeña bola. Los originales encuentran este tipo de habilidad muy difícil de entender, porque va mucho más allá de lo que ellos han logrado.

Joanna: Sin embargo, muchos de esos poderes están ahí, en potencia para nosotros, y nos hemos vuelto flojos y no hemos utilizado nada de lo que podría ser llamado nuestro «sexto sentido».

Alariel: Sí, eso es cierto. En las sociedades chamánicas, esta clase de habilidad sería mejor respetada y comprendida. Muchas de estas habilidades han estado disponibles para los originales por siglos, pero ellos simplemente han elegido no desarrollarlas.

Joanna: ¿Los nuevos niños demostrarán muchos dones especiales?

Alariel: Hay muchos dones distintos, algunos comenzando a emerger a través de los índigos, pero muchos más vendrán con los niños cristal. No esperen que los cristales ni arcoíris tengan dones súper psíquicos. Los niños cristal no están interesados en doblar cucharas, ¡están aquí para doblar mentes!

Joanna: ¿Entonces los tres grupos principales se alimentan los unos de los otros?

Alariel: Sí. Estos grupos no son partes rígidas, sino más bien como olas flexibles, con unos pocos exploradores comenzando cada oleada y después, números mucho más grandes llegando en un momento posterior, cuando se sabe que las condiciones son favorables.

Joanna: ¿Los cristales tienen generalmente una sensibilidad más altamente sintonizada?

Alariel: Sí, eso es cierto en gran medida. Los cristales tienen una consciencia mucho más altamente sintonizada que los índigos, y es el nivel de sintonización vibracional lo que da la clave para la existencia de habilidades especiales. Algunos pocos índigos son telepáticos y empáticos, pero muchos cristales lo serán. Los índigos han tenido mucho más para «sentir su camino» aquí en este planeta, ya que fueron los primeros de estos nuevos niños en llegar aquí. Eso ha hecho su aproximación más tentativa, más cautelosa, y han pasado más tiempo en clarificar exactamente qué podrían hacer aquí. La mayoría de los cristales vienen simplemente sabiendo qué están haciendo aquí y es por eso que algunos cristales encontrarán la escuela, cualquier escuela, «una pérdida de tiempo». Han venido aquí llenos de información y habilidades y ¡ya no necesitan mucho entrenamiento! De cualquier forma, ellos aún necesitarán desarrollar habilidades interpersonales, o se encontrarán con que sus audiencias no los comprenden y no quieren escucharlos. Ellos tienen que aprender que el tener mucho por decir es solo el primer paso. Después, debes aprender a comunicarlo de forma efectiva.

Joanna: ¿Los nuevos niños prefieren algunas locaciones por sobre otras?

Alariel: *Generalmente hablando, evitarán venir con padres que vivan en grandes ciudades, simplemente no les gusta la vibración de las ciudades. Preferirán venir con padres viviendo en áreas rurales, especialmente aquellas en donde hay un elemento muy fuerte de la «nueva era» o progresista. No obstante, también son atraídos por comunidades que tienen un enfoque espiritual, incluso si esas comunidades siguen alguna religión en específico. Los cristales y arcoíris no están especialmente interesados en religión, pero sí que están interesados en la espiritualidad, y el compromiso espiritual de una comunidad les será atractivo. Están buscando en realidad a padres flexibles, con mentes abiertas, que respondan a sus necesidades especiales y a sus dones especiales. Estos padres pueden ser encontrados en muchas partes del mundo. De cualquier forma, incluso estos padres son poco probables que atraigan a un niño cristal o arcoíris si viven en una zona de guerra. Ambas categorías de los nuevos niños están comprometidas con la paz y la unicidad y usualmente evitarán una zona de guerra o territorio ocupado.*

Joanna: ¿Deberíamos darle una atención especial a estos nuevos niños?

Alariel: *Sí, porque vienen con una misión especial, romper los patrones rígidos del pasado y establecer una nueva sensación de unicidad. Ellos vienen a sanar divisiones en la humanidad, y estas divisiones necesitan ser rápidamente sanadas ahora.*

> *Si se van a beneficiar de una evolución espiritual rápida, tendrán que dejar el conflicto detrás. Deben aprender a ser inclusivos en lugar de exclusivos.*

Joanna: Uno de nuestros contactos tiene un niño índigo, y ella dice que no le dio a él ninguna atención especial. No estoy diciendo que debamos señalarlos como el centro de atención y decir: «vaya, miren, ahí hay un niño especial». Estoy diciendo que solo necesitan ser manejados de diferente forma a los originales y que los padres deben estar conscientes de estas diferencias.

Alariel: *Sí, eso es absolutamente correcto. No los pongan en pedestales como seres especiales, sino que intenten darles un manejo apropiado, cuidados y educación. Eso sacará todo su potencial. Ellos tienen dones especiales y su manejo debería ser diseñado para ayudarles a ejercitar esos dones. Estos nuevos niños no quieren ser considerados como seres tan especiales que los separen de la unicidad. Ellos creen en la unicidad e intentan incluir a todos dentro de eso. Su posición es que ven a todo ser humano teniendo dones especiales, talentos especiales, y es solamente que muchos han estado dormidos ante el potencial de los dones que residen dentro de ellos.*

Joanna: ¿Es un peligro que, por la falta de comprensión o incluso desdén, sus talentos sean suprimidos y escondidos?

Alariel: *Sí, si sus dones no son comprendidos pueden ser forzados a ajustarse al mundo de sus semejantes originales. Estos nuevos niños necesitan ser reconocidos como poseedores de dones especiales, pero lo especial reside en los dones, no en una individualidad dirigida por el ego. Esa es una distinción que muchos originales pueden encontrar difícil de aceptar.*

Joanna: Veo gente que reconozco como índigos, que van por el mundo esparciendo Luz donde quiera que vayan, a pesar de que no sean conscientes de estar haciéndolo.

Alariel: *Sí, todos los nuevos niños tienen eso en común, que son portadores de la Luz. Puedes identificarlos más por lo que hacen y los efectos de lo que hacen en otras personas, que por alguna descripción o etiqueta.*

Joanna: ¿Algunos de los nuevos niños están tomando drogas como una forma de esconderse detrás de ellas?

Alariel: Eso puede suceder, pero no mucho con los súper psíquicos porque ellos están particularmente conscientes de que, al tomar drogas, se meterán en áreas en donde la psique se derrumba demasiado rápido. Algunos individuos de los otros grupos, índigos, cristales y arcoíris, pueden encontrarse tan sobrecogidos por la combinación de su hipersensibilidad y la disfuncionalidad de los originales a su alrededor, que pueden refugiarse algún tiempo en las drogas. Lo interesante acerca de los cristales es que su recuperación de cualquier periodo de adicción será notablemente rápida. Ellos podrían esconderse en la adicción, manteniendo bajas sus cabezas para no atraer atención, pero cuando desean recuperarse y volver al camino, lo harán con tal facilidad y gran velocidad. La consciencia de los cristales está tan sintonizada con la totalidad, que es bastante difícil fragmentarla, y esta es la clave para comprender su sorprendente habilidad para sanarse a sí mismos.

Joanna: ¿Algunos de los nuevos niños pueden tener tendencias fóbicas?

Alariel: Sí, pueden reflejar las fobias de todos los miembros de sus familias, e interpretarlas de formas dramáticas, como un actor interpretando un papel. Esto puede ser desafiante para los originales, quienes no están acostumbrados a tener sus propias fobias reflejadas ante ellos.

Joanna: ¿Algunos pueden ser disléxicos?

Alariel: Sí, esa es una oportunidad que tienen para ir más allá del pensamiento lineal y más hacia formas holísticas de expresión.

Joanna: ¿Cómo describirías a los nuevos niños en solo unas pocas palabras?

Alariel: Las palabras serían sensitivos, talentosos y sabios.

Joanna: Tengo la sensación de que apenas estamos comenzando a comprender a estos nuevos niños.

Alariel: Están en las primeras etapas de la comprensión de los nuevos niños y de todos los dones que traen a este planeta. Piensen en ello como comenzar un viaje de descubrimientos a medida que exploran la naturaleza y habilidades de estos niños maravillosos. Y es importante el intentar entenderlos, ya que, si pueden lograrlo, podrán ver hacia dónde se dirige ahora la consciencia de la humanidad. La gente que no puede entender a los nuevos niños y permanecen enraizados en paradigmas del pasado, están intentando juzgar el futuro con criterios del pasado y eso simplemente no funciona. La única cosa que alguien puede decir con certeza acerca de su futuro es que ¡no será nada parecido a su pasado!

25.
Niños cristal

Joanna: Mencionaste los orígenes estelares de los nuevos niños. ¿De dónde provienen por ejemplo los cristales?

Alariel: Los niños cristal están viniendo de distintas galaxias para asistir en este momento a la humanidad. Ellos vienen de Sirio, Arcturus, las Pléyades, Orión y Andrómeda, y de algunos sistemas estelares que están más allá del propósito actual de su investigación, ya que se encuentran en una galaxia distante. Pero también hay niños cristal que han tenido vidas como, por ejemplo, esenios y cátaros, y están volviendo ahora en una forma más sensitiva y avanzada. Pueden haber sido alguna vez «originales», como nosotros los llamamos, pero ahora han evolucionado y han pasado a convertirse en índigos o niños cristal.

Joanna: ¿Los cristales mostrarán el rango de emociones común en el proceso de su crecimiento?

Alariel: Sí, y no serán pequeños ángeles todo el tiempo cuando sean jóvenes. Tienen algunos frenos en sus reacciones: por ejemplo, no serán violentos a pesar de que sus semejantes sean habitualmente violentos. Básicamente, los cristales provienen de una cultura de completa unicidad, en donde la violencia no está en su vocabulario.

Joanna: ¿Por qué están llegando los cristales en tan grandes cantidades ahora?

Alariel: Para ser maestros de la teoría y la práctica de la unicidad. Ellos vienen a enseñar a la humanidad que la separación es una mentira y que la unicidad es la verdad de la vida. La Tierra no puede progresar en vibración con una humanidad que está tan profundamente dividida en contra de sí mismos. Toda esta tensión y conflicto necesita borrarse. Los cristales son maestros de la reconciliación, pero necesitan ayuda y apoyo para tener un gran impacto en la consciencia humana como un todo.

Joanna: Los cristales parecen estar construyendo las nuevas bases que están disponibles ahora, ya que los índigos han destruido muchas estructuras antiguas.

Alariel: Romper esas estructuras ha abierto muchas mentes hacia las nuevas frecuencias de consciencia y una nueva forma de vida basada en la cooperación, en lugar del conflicto.

Joanna: Puedo ver ejemplos de esos cambios en todas partes. Por ejemplo, muchas escuelas primarias están utilizando ahora ejercicios sensoriales.

Alariel: Sí, esto muestra la dirección de su cultura como un todo, volviéndose mucho más conscientes de que existen niveles de sensibilidad, y viendo la sensibilidad como un beneficio, en lugar de una burla. Esto puede funcionar muy bien para los originales, pero algunos cristales pueden ya ser demasiado sensibles, y pueden necesitar calmar un poco su sensibilidad, ya que es demasiado doloroso para ellos el relacionarse con los originales en sus clases escolares. Esa es una habilidad que debe ser desarrollada y sería útil para algunos padres de los niños cristal. No siempre quieres incrementar la sensibilidad de los cristales, eso puede solamente incrementar su dolor al lidiar con sus semejantes.

Joanna: ¿Cuál es el momento más difícil para los cristales?

Alariel: La etapa de la escuela primaria. A menos que sus padres puedan encontrar, de vez en cuando, algún modo de acallar parcialmente su sensibilidad, puede ser un camino difícil para muchos cristales de paso por el sistema promedio de las escuelas primarias. Es aquí en donde la educación Montessori o Steiner pueden ser útiles para ayudar a estos niños a cruzar esta difícil etapa. Después de la etapa primaria, los cristales deberían ya tener una base fuerte y deberían ser capaces de lidiar con sus semejantes, pero la etapa primaria será difícil para muchos de ellos. Algunas personas pueden ser reacias a reconocer que sistemas educativos como el Steiner y Montessori, que se establecieron hace muchas décadas, puedan ser tan efectivas, pero el punto es que fueron establecidas por seres que estaban muy avanzados para su época.

Joanna: ¿Cuáles son los conceptos erróneos más comunes que se pueden presentar acerca de los niños cristales?

Alariel: Un concepto erróneo es que todos los cristales serán brillantes académicamente, y que serán capaces de pasar fácilmente por sus exámenes. Los cristales serán todos bastante inteligentes, pero esa inteligencia se manifestará de diversas formas, y la sensibilidad e intuición son tan probables como cualquier don académico.

Claro está, los cristales no serán todos pequeños ángeles, especialmente cuando están pasando por todo el proceso emocional usual del crecimiento. Sin duda, sus habilidades imaginativas pueden ocasionarles el crear caos en formas altamente creativas, ¡que podrían nunca sucederles a los originales promedio!

Otro concepto erróneo es que un niño cristal nunca podrá ser terco. Los cristales llegan sabiendo bastantes cosas y, si saben que sus padres se equivocan acerca de algo, cierta cantidad de terquedad puede entrar en juego.

Hay otro concepto erróneo que dice que todos los cristales responderán a la energía Madre y a la naturaleza. Aquellos que vienen de sistemas estelares en donde la Madre universal es respetada, ciertamente lo harán. Pero vendrán de una gran variedad de sistemas estelares, y algunos de ellos no son tan orientados hacia la energía Madre.

Joanna: ¿Cómo resumirías a los cristales como un todo?
Alariel: Yo diría que todos ellos comparten una cosa, una gran ligereza de ser. Su galaxia y sistema solar está progresando hacia vibraciones más ligeras, así que la ligereza del ser es exactamente lo que se necesita ahorita sobre la Tierra. Este es el distintivo de todos los cristales. Un toque ligero, cierta ligereza de consciencia y un deseo por evitar condiciones pesadas, comida pesada, sistemas pesados y gente dominante pesada. Ellos solo consideran a la gente pesada y situaciones pesadas como disfuncionales e insostenibles a largo plazo, así que los evitan instintivamente.

Joanna: ¿los niños cristal evitan discusiones?
Alariel: Sí, absolutamente. Los cristales expresarán aquello en lo que creen, pero no discutirán para defender esas creencias. Ellos

consideran los argumentos como una forma de combate verbal, y simplemente se rehúsan a entrar en modo combate. Muchos originales no comprenden esta actitud, acostumbrados a escuchar a personas argumentando su caso y dar un paso al frente para defender sus ideales y, sin duda, les podrá molestar la actitud de los cristales. Ellos asumirán que los cristales no son serios respecto a sus creencias, pero se equivocan en eso. Simplemente los cristales eligen no discutir con la gente. Si más personas aceptan sus creencias, está bien, pero si no lo hacen, está bien también, en lo que respecta a los cristales.

Otro aspecto importante sobre los niños cristal es que ellos no compiten. Están felices de sobresalir al practicar algún don o talento, pero no consideran los dones en ninguna forma competitivos. No comprenderán la tendencia natural humana entre los originales de competir el uno con el otro. Esto tenderá a hacer a los cristales muy malos en los deportes. Una vez que observen un juego y comprendan las reglas, un cristal verá poco sentido en repetir el mismo juego indefinidamente. Son mucho más propensos a empezar a desarrollar otro juego, ¡con un set diferente de reglas! Esto enloquecerá a los originales, quienes aman hacer las mismas cosas, pero hacerlas mejor y mejor cada vez. Un cristal no está hecho como tal y, generalmente, no están interesados en competir.

Entonces, la premisa aquí es que los niños cristal no compiten y no discuten, algo que puede llevar a los originales a concluir que tienen falta de poder y determinación. Esto es algo completamente falso acerca de los cristales, quienes solo vienen de culturas muy diferentes y más civilizadas. Pero estas cualidades llevarán a muchas malinterpretaciones por parte de los originales.

Joanna: Algunos autores están diciendo que la gran mayoría de los niños cristal provienen de Orión. ¿Podrías comentar acerca de esto, por favor?
Alariel: Muchos niños cristal vendrán a través del portal de Orión, pero eso no quiere decir que sean originarios del sistema de

Orión. Provienen de muchas galaxias porque las necesidades especiales de la Tierra, en este momento, han atraído voluntarios de un gran número de civilizaciones estelares avanzadas. Esta es la oportunidad para muchos seres estelares avanzados de contribuir al triunfo de la Luz en su galaxia, y muchos se están ofreciendo voluntarios para ayudar de esta forma a la humanidad.

Joanna: Será bastante desafiante para algunos padres el tratar a los cristales solo como niños, si es que vienen con semejante sabiduría y dones tan destacados.

Alariel: Sí, eso es cierto. Hay un equilibrio por alcanzar aquí. Aunque es importante el reconocer la consciencia avanzada de los niños cristal, no deberían separarlos tanto en sus mentes como para que se vuelvan, ya sea alienígenas incomprensibles y atemorizantes, o figuras icónicas de un nuevo culto. Ni el miedo ni la reverencia indebida deben distorsionar su consciencia al tratar con los niños cristal. Simplemente son seres humanos avanzados, así que trátenlos como tal. Relaciónense con ellos como humanos avanzados y honren sus avances, que es, después de todo, el avance que pronto disfrutarán todos los seres humanos. Demonizarlos o divinizarlos hará casi imposible que realicen su trabajo de ayudar a la humanidad a avanzar, así que es interés de todos el evitar estos dos extremos.

Joanna: ¿La mayoría de los cristales serán capaces de comunicarse mediante telepatía?

Alariel: Muchos cristales serán telepáticos, pero no cada uno de ellos. Los cristales pueden comunicarse en una amplia gama de tipos de telepatía, algunas de las cuales no son telepatía como ustedes lo comprenderían. Estas formas son ligeras y sutiles, usualmente utilizando imaginación visual o imaginación combinada con palabras que se transmiten a muy altas velocidades. Este tipo de comunicación puede parecerles a ustedes el resultado de una consciencia exagerada o tensa, aunque para los cristales parecerá un proceso relajado, controlado y fácil. Muchos cristales solo operan en lo que pareciera para ustedes una velocidad prodigiosa, especialmente a un nivel telepático. Si continúan sintonizándose con ellos, ellos les enseñarán cómo adaptarse a sus métodos sutiles de señalización telepática.

Ellos pueden enviar mensajes mucho más rápido de lo que alguien puede hablar, así que relájense e intenten adaptarse a este nuevo modo de comunicación. Si logran adaptarse, eso puede aumentar el nivel vibracional y expandir la consciencia en formas que están más allá de su capacidad de imaginar. Ser capaces de comunicarse en palabras ha servido a los seres humanos por muchos siglos, pero ahora están ingresando a áreas de la consciencia en donde la baja velocidad de la comunicación verbal está comenzando a impedir su progreso. Dejen ir los patrones lineales lentos del discurso y observen cómo se puede abrir su consciencia y desarrollar en nuevas formas.

Joanna: ¿Qué otros regalos nos traen los niños cristal?

Alariel: *Uno de los grandes regalos de los niños cristal es alentarlos a ir más allá de los límites actuales de su consciencia. Su consciencia los limita en muchas formas, pero una de las más importantes es la forma en que limita y restringe su futuro. Su consciencia crea un túnel a partir de sus experiencias pasadas y continúa el túnel a través de su consciencia presente. A partir de este túnel de lo que es probable, su mente se proyecta adelante para construir su futuro, pero el túnel está constreñido y limitado, así que dista mucho de lo que podrían ser y hacer en realidad en ese futuro.*

Los niños cristal los invitan a pisar fuera del túnel, a moverse de lo probable hacia lo posible sin límites, a visionar para ustedes mismos un futuro mucho más maravilloso de lo que pueden imaginar actualmente. Al ayudarlos a hacer esto, los liberan de algunos de los efectos de su consciencia y abren una puerta hacia un futuro de infinitas posibilidades.

Joanna: ¿Entonces nos están ayudando a dejar ir nuestro pasado?

Alariel: *Sí, y de los efectos que el pasado está teniendo sobre su presente y futuro. La mayoría de los seres humanos está intentando construir su presente como continuación de su pasado. Los niños cristal no tienen interés en el pasado. Al estar aquí y ahora en una forma bastante enfocada y abierta, pueden construir un camino hacia el futuro posible que no está relacionado para nada con el pasado, sin embargo, representa un nuevo comienzo para la humanidad.*

¿Alguna vez se han preguntado cómo sería su vida sin un pasado? ¿Cómo sería su vida si cada persona en su planeta comenzara cada día con una pizarra limpia, sin la carga de recuerdos pasados, amarguras, sospechas y prejuicios? Bien, los niños cristal pueden vivir de esa forma, y los están retando a dejar el pasado atrás y volverse los arquitectos de un nuevo amanecer.

Joanna: ¿Una parte del nuevo amanecer será un replanteamiento de los métodos de enseñanza? ¿Los cristales cambiarán el patrón educativo tal y como lo conocemos hoy en día?

Alariel: Sí, a su tiempo. *En aquellas áreas en donde nacen grandes cantidades de niños cristal y la totalidad de las clases están conformadas por cristales, será requerido un replanteamiento radical de los métodos de enseñanza. Déjenme brindarles una imagen de cómo se vería esta educación del futuro.*

Antes del inicio de cada ciclo escolar, el maestro principal de cada clase se reunirá con los pupilos para discutir la sección del currículum que ha sido asignada a ese ciclo. Ya que los niños cristal tienen la habilidad de operar a nivel del pensamiento conceptual, ellos considerarán, en ese nivel, el material que necesita ser dominado. La clase decidirá cuánto tiempo se necesitará para esta cantidad de material y cómo deberá ser presentado para que sea más fácil de absorber.

Entonces procede la enseñanza con ayuda, a todo lo largo, de algunas tutorías por compañeros alumnos, para que toda la clase pueda avanzar junta. El material requerido es enseñado y absorbido durante el tiempo acordado y el ciclo se termina en la fecha prevista.

Aquí, los alumnos no están solo completamente involucrados en el proceso educativo, sino efectivamente en control de él, porque ellos son quienes deciden el método de presentación y la velocidad del aprendizaje, por tanto, la duración del ciclo. Aun así, el resultado complace a todos. Los maestros están complacidos de que el material establecido para el ciclo se haya dominado por todos los alumnos. Nadie ha sido dejado atrás y no ha sido requerida ninguna tutoría especial por parte de los maestros.

Los alumnos están complacidos porque han tenido un ciclo interesante seguido de unas vacaciones más largas que el promedio, durante las cuales pasan tiempo con sus amigos. Y ya que el proceso de enseñanza ha sido manejado de esta forma, con los alumnos tomando responsabilidad de ayudarse el uno al otro a absorber el conocimiento, la cohesión y el compañerismo dentro de la clase ha sido reforzado.

A pesar de que los métodos educativos más progresivos disponibles ahora, notablemente el Montessori, contienen algunos de estos elementos, el paquete completo descrito aquí es único dentro de la era moderna. Es verdad que los picos más altos de educación en Lemuria y la Dorada Atlántida presentan algunos paralelismos, pero nada tan avanzado como esto se ha visto desde la caída de la Atlántida.

Comentario de Joanna acerca de la educación del futuro: Encuentro de lo más interesante la imagen de Alariel acerca de la educación futura, ya que veo muchos ecos aquí del método Montessori. El Dr. Montessori creía que los primeros años, desde el nacimiento hasta los seis años, es el tiempo en que el niño tiene la mayor apertura por aprender, y la mayor sed de conocimiento. Durante estos años, los niños son particularmente receptivos a estímulos, y se les alienta a utilizar todos sus sentidos. María Montessori desarrolló sus propias ayudas de enseñanza y todo un rango de actividades para tomar ventaja de este «periodo sensorial». La educación Montessori se enfoca en seis principales áreas de aprendizaje: vida práctica, los sentidos, lenguaje, matemáticas, cultura y actividades creativas.

En los niveles Montessori pre-primaria y primaria, el niño aprende a su propio ritmo y nivel. Hay tanta diferencia en habilidades cuando un niño viene por primera vez a la escuela, que los más lentos son atendidos, pero los más hábiles pueden ser extendidos y mantenerse involucrados. No hay juicio involucrado. Si un niño es lento con su lectura, por ejemplo, los demás niños ayudarán y se convierte en un esfuerzo cooperativo.

No hay exámenes en el sistema Montessori, pero en muchos sistemas educativos estatales hay evaluaciones tempranas, algunas veces a la joven edad de siete u ocho. Siento que esto es demasiado joven para poner semejante carga sobre un niño. Deberíamos permitirles vivir su niñez. Los niños actualmente aman aprender y aprenden mejor mediante el juego, viendo y haciendo, y hay bastante de eso en una escuela Montessori.

Todo el equipo Montessori está interrelacionado y es autocorregido. Si un niño comete un error, es la culpa de la maestra, ya que ella, o bien ha enseñado al niño antes de que él esté listo, o bien no ha explicado lo suficientemente claro. Hay un gran respeto por el niño, y el sistema se basa en extraer al niño, en lugar de meterle información. Es tan importante en los primeros años el no destruir la autoconfianza, sino construir la autoestima.

La práctica Montessori del «juego del silencio» es el comienzo de la meditación simple. He visto esta meditación ayudarle a un niño pequeño a lidiar por primera vez con sus sentimientos difíciles posterior a la muerte de su padre. Se le ayudó a él a llegar a un acuerdo con estos sentimientos a través de la compasión y comprensión demostrada por sus compañeros de clase.

Es un sistema bastante holístico en conjunto.

26.
Comprendiendo a los nuevos niños.
por Jennifer Crews

Durante los últimos 20 años, generaciones diferentes de niños entraron a nuestro mundo con sorprendentes características nuevas. Han sido reconocidos como los nuevos niños. Como una intuitiva de la niñez en la práctica profesional, con antecedentes en patología pediátrica del lenguaje hablado, tuve la oportunidad de llegar a conocer a muchos de estos niños y sus familias, a lo largo de 13 años. Fui testigo de una amplia variedad de diagnósticos que eran asignados por todos lados en los campos médico y educativo, esperando etiquetar y tratar a estos niños. Estas etiquetas incluyen desórdenes de integración sensorial, desórdenes del espectro autista, desórdenes de déficit de atención y trastorno generalizado del desarrollo, entre otros.

Este etiquetaje incontrolado de niños ha sido un intento por ayudar a padres y profesionales a comprender diferentes técnicas de intervención y acercamiento. En la profesión intuitiva, se han adoptado diferentes tipos de etiquetas, incluidos términos como niños índigo, cristal y arcoíris. Nuevamente, estos nombres sintetizan un grupo de características aplicables a ciertos niños. Yo elijo seguir y adoptar una perspectiva nueva dramáticamente diferente, un nuevo paradigma acerca de estos niños y cómo podemos honrarlos mejor y darles la bienvenida a nuestra sociedad.

A pesar de que uno de cada 150 niños es actualmente etiquetado con desorden del espectro autista, no está ocurriendo ninguna epidemia de autismo. Lo que realmente está sucediendo es la evolución humana. Todos estos niños únicos están viniendo a nuestro mundo para enseñarnos una nueva forma de percibir nuestro ambiente, nuestros mundos y cómo comunicarnos dentro de ellos. Los nuevos niños son pioneros en métodos nuevos de comunicación, métodos intuitivos y telepáticos que, eventualmente, reemplazarán la comunicación verbal.

Sé que hay muchas estrategias y recursos actualmente vinculados con cada una de las etiquetas utilizadas para diagnosticar a los niños hoy en día, pero yo ofrezco un paradigma más simple y efectivo que cambiará la manera de ver a sus niños. Todos estos niños que caen dentro de cada categoría mencionada anteriormente, tienen dos cosas en común que la mayoría de los profesionales y los padres no están reconociendo:

1. Ellos ven, interactúan, sienten y se conectan PRIMERO CON ENERGÍA.
2. Ellos ven, interactúan, sienten y se conectan EN SEGUNDO LUGAR CON EL MUNDO FÍSICO.

Es así de simple. Desafortunadamente, la mayoría de los profesionales y padres no han sido enseñados a comprender la energía y el mundo energético que nos rodea y conforma nuestro ambiente. Todos continúan intentando encontrar respuestas en el mundo físico para asistir a estos niños, pero esto no es efectivo. Es a través de la consciencia energética que aprenderemos a relacionarnos con los nuevos niños.

Si más individuos entendieran el mundo energético, entonces sabrían cómo conectarse con estos niños y realmente comprenderlos. Estos nuevos niños nos están enseñando acerca de la energía y acerca de la comunicación con el mundo invisible. Nos están enseñando acerca de las dimensiones que no pueden verse directamente en un nivel físico. Nos están enseñando también acerca del amor y la energía del corazón.

Los nuevos niños tienen diez sistemas sutiles que, al trabajar en armonía, contribuyen a su bienestar individual:

1. Inmune
2. Digestivo
3. Nervioso / regulatorio
4. Relacional
5. Autoexpresión / comunicación
6. Ciclos rítmicos corporales
7. Perceptivo

8. Consciencia energética
9. Consciencia de red
10. Conexión natural

Cuando uno o más de esos sistemas está fuera de equilibrio, bloqueado, interrumpido o alterado, el niño lo comunicará a través de una respuesta o una reacción a su ambiente. Muchos dentro de las áreas tradicionales médica y educativa, se refieren a estas formas de comunicación como «conductas», pero yo no lo hago. Yo siento que, para todos los niños, la conducta es solamente una forma de comunicación. Puede que ellos no estén conscientes de lo que les está molestando u ocasionando una mala alineación en uno o más de sus diez sistemas, pero están comunicando un mensaje. Es nuestro trabajo volvernos intérpretes de ese mensaje.

La dificultad es que la mayoría de los profesionales y padres intentan interpretar la comunicación desde una perspectiva física. En cambio, necesitamos cambiar nuestro acercamiento y comenzar interpretando sus comunicaciones desde una perspectiva energética, siendo conscientes de que el mundo físico y el mundo energético son extensiones el uno del otro.

Los nuevos niños están constituidos de forma bastante diferente al resto de nosotros. Ellos han entrado en este mundo con un nuevo cableado dentro de todos los sistemas familiares, además de crear colectivamente varios sistemas nuevos. Este es un proceso completamente natural en la evolución humana. Para poder apoyar y promover el bienestar de esos niños, es necesario que los padres y profesionales comprendan los diez sistemas, que son un aspecto integral de cada niño:

1. El sistema inmune refleja el actual estado de salud y la habilidad de mantenerse saludable y luchar contra cuerpos extraños. Los nuevos niños son, o bien super frágiles e hipersensibles, con sistemas inmunológicos vulnerables, o extremadamente fuertes, con constituciones sólidas y resilientes. Aún no he observado a ningún niño nuevo que tenga sistema inmunológico entre estos dos extremos. Sus sistemas inmunológicos son desencadenados por el estado

emocional de su familia, comunidad y nación, tanto como el estado del mundo. Ellos energéticamente sienten y absorben influencias de todas estas fuentes, y sus sistemas inmunológicos responden acorde a ello. Este es un conocimiento importante para que todos los padres y profesionales reflexionen. Debido a su sensibilidad altamente desarrollada, tenemos un impacto mucho más grande sobre los nuevos niños de lo que tendríamos sobre los niños promedio. Es por eso que es tan importante que te conozcas a ti mismo y sanes tus heridas emocionales.

2. Sistema digestivo: La mayoría de los nuevos niños están conscientes de lo que sus cuerpos pueden y no pueden manejar. Ellos evitan de forma natural ciertos alimentos que no les sirven. Esta consciencia innata comienza típicamente a una edad muy temprana. Escucharás a familias decir: «Sí, ella no come nada de lácteos, simplemente los evita». La niña ya sabe que no se siente bien en su cuerpo. Ellos tienen sus propios sistemas regulatorios digestivos que honran y comprenden. En muchas ocasiones, he conocido a niños que ya conocen sus alergias. Ellos tienen un barómetro integrado que los previene de comer cualquier cosa que no les haga sentir bien. Es tan importante comprender y escuchar a estos nuevos niños, ellos realmente conocen sus propios cuerpos.

3. El sistema nervioso es el sistema más vital para los nuevos niños. La mayoría de los «malos comportamientos» está directamente relacionado con una perturbación del sistema nervioso del niño. Los sistemas nerviosos de los nuevos niños son hipersensibles a todos los estímulos del ambiente. La mejor forma de describirlo es decir que tienen más nervios a lo largo de sus cuerpos que tú o yo. Esto es verdad energéticamente, pero puede que no sea reflejado a nivel físico. Su sistema nervioso, bajo rayos x, se vería exactamente igual al de nosotros, pero es mucho más sensitivo al impacto de la vista, oído, gusto, olfato y tacto. Cuando se sobrecargan, su sistema nervioso

reacciona, intentando regresar a su equilibrio. He aprendido que es diferente en cada niño y he visto cientos de formas en que estos niños intentan regular su sistema nervioso. Lo que es importante reconocer, es que este sistema está afectado fuertemente por la energía, tanto como el mundo físico, y juega un papel importante en el bienestar del niño.

4. El sistema relacional es cómo el niño observa y percibe a la gente a su alrededor, basado en la energía y calidad vibracional de una persona. Estos niños ven a través de ti. Pueden decir si lo que estás diciendo está acorde a la vibración que envías, y pueden sentir las intenciones de las personas y sus motivos. Pueden evaluar una persona o situación vibracional y energéticamente. Este es un gran don que traen a este mundo, pero es también la razón por la que muchos niños están batallando en escuelas tradicionales. Si un maestro no está en completa integridad, estos niños verán a través de ellos y los desafiarán.

Los viejos patrones de enseñanza ya no están alineados con los nuevos niños. Este don de sistema relacional altamente sintonizado requiere padres y maestros que estén en integridad y que sean auténticos con ellos mismos tanto como con otros. Estos niños pueden ver muy acertadamente la decepción, corrupción y distracción, y es importante honrarlo. Si no están cómodos alrededor de alguien o de alguna situación, es su sistema relacional diciéndoles que presten atención y esto puede ser increíblemente preciso.

5. La autoexpresión y comunicación juegan un papel significante en el bienestar de cada niño. El acercamiento tradicional de utilizar la comunicación verbal, «dinos cómo te sientes», no aplicará con los nuevos niños. Algunos de ellos no hablarán para nada y serán catalogados como no verbales. Otros solo pronunciarán pocas palabras o frases cortas, o repetirán lo que otros

dicen. Los nuevos niños tienen sus propias formas de comunicación y expresión únicas, a menudo involucrando telepatía energética e intuitiva. Son estos nuevos métodos de comunicación los que eventualmente reemplazarán a los patrones verbales y se volverán las formas de comunicación más ampliamente aceptadas. De cualquier forma, actualmente estamos condicionados a creer que la comunicación verbal es la única forma comprensiva y efectiva, y esta creencia limita a estos niños.

La expresión verbal es solo una forma de compartir la información. Otras formas de comunicación y completa expresión incluye las artes visuales, danza, movimiento del cuerpo, música y ritmo. ¿Y qué hay de la comunicación energética? ¿O de la telepatía? ¿O comunicación telequinética: el movimiento de objetos a través de una habitación sin tocarlos? ¿Y han pensado acerca de la comunicación con diferentes dimensiones o con el mundo invisible?

6. Cada uno de nosotros tiene un particular ciclo rítmico corporal. Mi ciclo corporal me recuerda cuándo está bajo mi nivel de azúcar y necesito comer algo sustancial. También me avisa cuando necesito tiempo lejos de otras personas y energías. Los nuevos niños reconocen sus ciclos corporales y se adhieren a ellos tenazmente, aunque muchas personas perciban esto como necedad, pereza o estar centrados en sí mismos. Nosotros simplemente no respetamos ni escuchamos con suficiente atención como para poder reconocer este ciclo rítmico corporal en los niños.

Presten atención al ciclo corporal de sus niños. ¿Cuándo son más productivos? ¿Cuándo necesitan más espacio y tiempo a solas? Aprendan el ciclo de sus niños y hónrenlos. Pueden trabajar dentro de su ciclo y se sorprenderán de cuánto más fácil fluirá su relación cuando lo hacen.

7. El sistema perceptivo está directamente relacionado con los sentidos. Los nuevos niños requieren la integración de todos sus sentidos para sentirse a salvo y bien con sus cuerpos. Ellos típicamente tienen uno o más sentidos que son más poderosos y acentuados comparados contigo o conmigo. Un niño puede ver los granos de la madera en la tabla de cocina, mientras que otro puede escuchar una araña caminando en la esquina de la habitación, o el zumbido de los semáforos en un estacionamiento. Ellos también tienen una percepción que va más allá de los cinco sentidos tradicionales para abarcar el conocimiento vibracional, intuitivo y consciencia energética.

8. La consciencia energética es el sentir, percibir y el amplio conocimiento de la energía que es invisible. Esta energía tiene una gran variedad de cualidades vibracionales diferentes y respalda todo lo que existe en el mundo físico. Los nuevos niños comprenden que todo es un símbolo que representa algo más grande que eso mismo. Ellos saben, por ejemplo, que el 3 tiene una cualidad energética que puede brindar acceso a mucha más información de la que el mero número 3 sugeriría. A través de la consciencia energética, algunos niños pueden entender y comunicarse con animales. Otros pueden mover objetos a través de una habitación al empujar y mover la energía invisible. Es importante reconocer que muchos de los nuevos niños serán genios al entender y utilizar la energía.

9. La consciencia de red es una extensión de la consciencia energética. El planeta está cubierto con una red energética, como una clase sutil e invisible de internet global que nos conecta a todos. Los nuevos niños que persisten en alinear sus trenes y juguetes, y luego se recuestan en el suelo para seguir la línea que han creado, están mimetizando la red planetaria. Ellos sienten la red y en ocasiones la ven. Algunos incluso la utilizan para comunicarse con niños del otro lado del mundo. La red juega un rol dominante en sus estados emocionales porque sienten lo que está sucediendo por todo el mundo a través del estar conectados a la red.

10. La conexión natural promueve en los nuevos niños la paz, alegría y el anclaje a la tierra. Su sabiduría interna les dice que la naturaleza es un aspecto esencial de nosotros mismos, y mientras más nos sintonicemos con la naturaleza, más fuertes nos volvemos amándonos a nosotros mismos y a los demás. He observado que cada nuevo niño que conozco está conectado innata y profundamente con uno de los principales elementos. Agua, madera, fuego, aire y tierra son los elementos que he atestiguado hasta ahora.

Determinen con cuál elemento resuena más su niño y habrán encontrado la herramienta para ayudar a calmarlos y traerles confort. Rodéenlos con ese elemento. Si no logran determinar cuál elemento es el más fuerte, expónganlos lo más posible a la naturaleza. Entonces, el resto de sus sistemas se equilibrarán rápidamente y su bienestar general mejorará. Les recomiendo las fuentes de agua y plantas en las habitaciones. He visto que esto ha ayudado a gran número de los nuevos niños que yo he conocido.

El conocimiento de los nueve sistemas es fundamental promoviendo el equilibrio, paz y bienestar general de los nuevos niños. Dedíquense a volverse atentos al rol que tienen estos diez sistemas en las vidas de sus niños y de los niños a su alrededor. El reconocimiento y la apreciación de cómo estos diez sistemas afectan a su niño, les brindará un mejor entendimiento de quiénes son y lo que están enseñando. Contribuyan al bienestar de los nuevos niños entendiendo y volviéndose conscientes de la energía y de ustedes mismos. Este es el mejor regalo que le pueden brindar a cada niño.

(NOTA: Esta contribución de Jennifer Crews M.A. apareció primeramente de forma más extensa en el 2008 en Children of the New Earth (www.childrenofthenewearth.com). Este capítulo tiene Copyright © 2008 Intuituve Teachings, LLC.)

Jennifer Crews es la fundadora de Intuitive Teachings, una empresa que ofrece sesiones individuales, grupales y teleseminarios de enseñanza en un rango de temas incluidos el arte de la intuición, los nuevos niños, el manejo de la energía y la vida multidimensional. Ella es una intuitiva de la niñez, maestra espiritual certificada, autora visionaria y educadora, dedicada a honrar la esencia de niños y adultos por todo el mundo.

Jennifer escribe: He dedicado mi vida a enseñarle a los padres y profesionales acerca de la intuición y energía para asistir en la comprensión de ellos mismos y de los nuevos niños. Estoy más que feliz de compartirles ese conocimiento y asistirles en profundizar en consciencia energética, su intuición personal y comprensión de su niño. Espero apoyarlos a medida que eligen verse a ustedes mismos y a sus niños a partir de un nuevo paradigma y crear una diferencia en sus vidas.

Pueden contactar a Jennifer Crews a través de su página web: www.intuitiveteachings.com

Parte ocho:

Un nuevo amanecer

El nuevo mundo llega a nosotros de diferentes formas: vive en el vuelo del alma-águila y en momentos tocados por la gracia del Espíritu.

Búscalo en la risa de los niños y obsérvalo brillando en los ojos de aquellos que viven sus vidas como un arcoíris de posibilidades.

Stuart Wilson

27.
Hacia un nuevo mundo

Hemos recibido una vasta cantidad de información de Alariel, y esto ha abierto muchas áreas de entendimiento, algunas de las cuales nos han sido completamente nuevas. Pero, incluso al haber alcanzado este punto, faltaban algunas preguntas clave que aún queríamos explorar.

Una de estas preguntas estaba relacionada con el grial, al que usualmente se le refiere como la copa utilizada por Jeshua en la última cena. De cualquier forma, el grial se ha vuelto el enfoque de muchos mitos y leyendas a lo largo de los siglos, y el bestseller El Enigma Sagrado/ the Holy Blood and the Holy Grail ha llevado el debate a otro nivel. Después de toda esta controversia, queríamos consultar a Alariel para obtener su percepción del grial y su significado.

Joanna: Algunas personas asocian el grial con María Magdalena. ¿Puedes comentarnos acerca de esto, por favor?
Alariel: El simbolismo del grial es vasto, pero estaríamos felices de compartir nuestra perspectiva con ustedes. En un nivel, el grial puede ser visto como la escuela de misterio trabajando a través del templo de Isis en Alejandría, que proveía una estructura, un contenedor, una «copa» si desean llamarle así, en la cual los iniciados del amor y la Luz podían verter su servicio de amor. Esta escuela de misterio fue, en muchos sentidos, una de las expresiones prácticas más altas, puras y más efectivas de la sabiduría Melquisedec en este planeta, y su influencia benevolente aún perdura.

En un nivel diferente, el grial puede ser visto como el linaje desde María Magdalena hasta el día presente, un linaje que ha provisto de vehículos físicos para un gran número de trabajadores de la Luz, especialmente aquellas almas que han experimentado vidas como sacerdotisas de Isis. A través de María, la energía y sabiduría de la tradición Isis de amor y Luz no desaparecieron cuando el templo de Isis se desvaneció en la historia, sino que continuaron en la vida y obra de todos aquellos que han sido inspirados por él a través de los siglos.

Por esto, reconocemos a María Magdalena como la presencia sobreiluminada sosteniendo el grial y, en un sentido simbólico, su ser superior puede ser visto como el ángel del grial.

En un nivel aún más profundo, el grial puede ser interpretado como el vórtice de paz cósmica y amor incondicional que establecieron el trabajo de Jeshua y María Magdalena sobre la tierra. Esta nueva mezcla de energías le brindó a todos los aspirantes subsecuentes la oportunidad de balancear la paz y el amor dentro del corazón, y de avanzar hacia la realización y ascensión de forma mucho más directa de lo que se practicaba en las antiguas escuelas de misterio.

Comentario de Stuart: Esta declaración de Alariel los brinda una oportunidad más de explorar las enseñanzas de Melquisedec, un área ya investigada a cierta profundidad a través de la escritura de nuestro primer libro, Los esenios, hijos de la Luz.

La sesión continúa:

Joanna: Hablas de la escuela de misterio en Alejandría como una de las mayores expresiones de la sabiduría Melquisedec sobre la Tierra. ¿Qué aspecto de la sabiduría Melquisedec encuentran más profundo?
Alariel: Sus enseñanzas acerca del equilibrio. Los Melquisedec se percataron de que el equilibrio es fundamental para la naturaleza del universo, debido a su percepción clara del Dios Padre-Madre. También vieron que el principio del equilibrio está reflejado a lo largo de todos los niveles del ser. Aquellos que comprenden a fondo el principio del equilibrio, nunca, por ejemplo, subestimarían el aspecto femenino de la divinidad, ni el poder e importancia de la sabiduría femenina.

Los Melquisedec vieron el equilibrio como algo vital, no solo para toda una civilización, sino para todos los niveles dentro de un ser. Para que la vida sea vivida al máximo, necesita ser vivida de forma equilibrada, de forma que cada aspecto del individuo sea respetado y se le dé el tiempo y la atención necesaria para su total expresión.

Ellos vieron la salud y la unicidad fluyendo naturalmente desde un estado del ser en donde todos los aspectos de una persona están en equilibrio. Y señalaron que cada estructura o sociedad basada en el desequilibrio, es esencialmente disfuncional e insostenible.

Los Melquisedec también reconocieron que el equilibrio está vinculado a la armonía y conduce a ella, que reconocieron como la ley de leyes, y el estado hacia el cual todo el universo se mueve constantemente. La armonía, dijeron, es la llave para comprender todas las demás leyes. Por eso vieron el karma, por ejemplo, como un movimiento esencial para regresar al balance y la armonía, un intento del universo por restaurar el estado de equilibrio.

Aquellos que, como Jeshua, pasaron tiempo con maestros Melquisedec absorbiendo su sabiduría, siempre enfatizaron en la necesidad del equilibrio como un componente central de la vida. Es por esto que él estableció su sistema de discípulos de forma equilibrada, cada círculo masculino de discípulos balanceado con su contraparte femenina. Así, la naturaleza fundamental del universo era reflejada en la estructura de su sistema de enseñanza.

Joanna: Si el equilibrio es tan vital, ¿el desequilibrio es siempre peligroso?

Alariel: Casi siempre lleva a algún tipo de disfunción en un individuo o una sociedad como un todo. Por ejemplo, una cultura basada en cualquier forma extrema de patriarquía, puede acercarse a la destrucción de su ambiente planetario. Aquellos que no respetan su Madre planetaria, son propensos a contaminarla y dañarla, porque nada en su sistema de creencias los detendrá. Cualquier cultura extremadamente patriarcal, también tenderá a producir conflicto y sufrimiento, porque las cualidades de cooperación, amor y perdón son todas funciones de la divina feminidad, que será marginalizada deliberadamente en este tipo de cultura.

Permítanos ser claros en esto: una cultura en extremo matriarcal también tiene sus problemas, y conducirá a otras formas de disfuncionalidad, incluida la falta de estructura y rigor intelectual. Pero por lo menos aquellos que crean en la matriarquía no estarán en peligro de destruir su propio planeta.

Entonces lo que estamos defendiendo es un sistema de creencias balanceado, en otras palabras, una creencia en Dios Padre-Madre.

Joanna: Toda la idea del patriarcado parece ser ampliamente cuestionada ahora, y ya no es aceptada como el orden natural de las cosas.

Alariel: *En occidente están experimentando un tiempo de reevaluación y reequilibración. Lo que comenzó como un reequilibrio dentro de las relaciones, ahora está culminando en un reequilibrio de todo su sistema de creencias. El interés creciente en la sagrada feminidad, las discípulas femeninas de Jeshua y el papel que jugó María Magdalena, es parte de todo este proceso de reequilibrio. El reequilibrar tu sistema de creencias es una precondición esencial para salir de sus limitaciones pasadas y moverse hacia condiciones energéticas muy diferentes del nuevo mundo, un mundo en donde serán valorados todos los aspectos de la divinidad.*

Todo el proceso de transformación y ascensión de consciencia, apoyado por los nuevos niños, sentará las bases para este nuevo mundo. Se abrirán nuevos horizontes, incluida la posibilidad de vivir en un mundo post conflicto, post competitivo, en el que la colaboración y el perdón reemplacen los patrones destructivos de su pasado.

Este es el nuevo amanecer que los seres humanos han anhelado, el nuevo comienzo que han producido todos sus esfuerzos.

Este es el nuevo mundo en que ya no son los niños dependientes de la creación, sino seres espiritualmente adultos, de pie en la Luz de su propia consciencia.

28.
La nueva consciencia

Joanna: ¿Qué es lo que ven como lo más útil que pueden hacer ahora los ángeles para ayudar a la humanidad en esta etapa de nuestro desarrollo?

Alariel: El ayudarles a dejar ir su pasado y toda la pesadez de la vieja percepción de las cosas, la rigidez del viejo orden. Están siendo desafiados constantemente para expandir su percepción y alcanzar nuevas frecuencias de consciencia, nuevas perspectivas de la verdad, nuevas posibilidades del ser.

Se han acostumbrado a mirar fuera de ustedes en busca de guía, seguridad y, en última instancia, autorización y una autoridad. Ahora están entrando a una nueva fase en donde el reto es recibir su guía desde dentro.

El Espíritu obra manifestando en su vida tanta Luz como puedan manejar. La Luz provee el fuego de la transformación, las flamas en las que será consumido todo lo que NO es Luz dentro de ustedes. Denle la bienvenida a este fuego cuando llegue, ya que el fuego es su amigo. Sacrificando en esta flama toda su pesadez, toda su negatividad, todos sus miedos y dudas o limitaciones, renacerán como un ser más ligero, puro y sutil. Un ser que resuena con las frecuencias de la Luz.

No podemos decirles cuán magnífico será el cambio que esto traiga a sus vidas. Será como pasar de ser un niño dócil y obediente a ser un adulto independiente y responsable. Espiritualmente, la humanidad se está moviendo fuera de la etapa de niñez dependiente de una autoridad externa, hacia la etapa de empoderamiento espiritual.

Este cambio, en la misma naturaleza de su ser, es también un cambio fuera de su pasado pesado y regimentado, hacia una consciencia más flexible y mucho más ligera. Para elevarse hasta las nuevas frecuencias del ser que les esperan, será necesario que su consciencia se vuelva infinitamente más sutil y flexible, y que se abra a nuevas posibilidades y soluciones creativas. No pueden dar un paso en su futuro utilizando las pesadas botas con tachuelas de sus abuelos; ¡lo que se necesita ahora son zapatos de baile ligeros y ágiles!

Hasta ahora, han marchado lenta y pesadamente de una generación a la otra, pero es tiempo de abrir sus alas y elevarse hacia el nuevo mundo y todas las nuevas posibilidades que tienen por delante. Así que piensen cuán pesada o ligera ha sido su consciencia ahora, cuán pesada fue ayer, y cuán ligera y gozosa será mañana. Todo a su alrededor está cambiando y evolucionando, y su consciencia necesita cambiar y evolucionar también. Y cuando se acostumbren a la nueva consciencia, encontrarán que su ligereza es fácil y elegante, como un guijarro rozando las olas.

El nuevo mundo se basará en la cooperación en lugar de la competición, compartiendo en lugar de acumulando, en la unicidad en lugar de la separación. Estos son grandes cambios comparados a la forma en que la mayoría de los seres humanos viven ahora, y estos cambios traerán mayores retos como parte del proceso de realineación. Es mucho más fácil moverse hacia el nuevo mundo si dejan ir la pesadez, el miedo, el enojo, la amargura, el odio, el sufrimiento: todo lo que no es ligero y que no proviene de la Luz. Si lo hacen, encontrarán que su consciencia cambia más rápidamente y con más facilidad día tras día, dejando atrás de forma automática todo lo que es pesado, y moviéndose naturalmente hacia todo lo que es ligero: amistades ligeras, comidas ligeras, ideas ligeras y formas de vida ligeras. Eventualmente, la pesadez simplemente parecerá absurda e irrelevante para ustedes, pasará de largo junto a ustedes, ya que solo la Luz encontrará su hogar en su nueva consciencia.

Joanna: ¿Hay alguna técnica práctica que pueda ayudarnos a movernos hacia esta nueva consciencia?

Alariel: Sí, sí la hay. Ya que son esencialmente espíritu, esencialmente Luz, podemos recomendarles esta poderosa meditación que los ayudará en su proceso de transformación:

Ya sea acostado, sentado en una silla o sentado sobre el suelo cruzando las piernas o en una postura de medio loto, como sea cómodo para ti. Cierra tus ojos, céntrate en ti mismo y respira profundamente. Pronuncia en voz alta o mentalmente las siguientes palabras:

Yo me rindo ante el Espíritu,
Yo me rindo ante la Luz.

Yo me rindo ante el Espíritu,
Yo me rindo ante la Luz.

Yo me rindo ante el Espíritu,
Yo me rindo ante la Luz.

YO SOY Luz, YO SOY Luz, YO SOY Luz.

Cuando pronuncias o piensas estas palabras, envíalas hacia afuera como un pulso hacia el universo y después sintonízate con tus sensaciones físicas y tus sentimientos. A medida que cada ola fluye hacia afuera, la respuesta cambiará y evolucionará, y podrá traerte un atisbo de alegría y bendición intensa. Mantente en esta resonancia de bendición y permítele que te bañe como el océano tanto como desees. Entonces respira profundo y abre tus ojos.

Permite que la Luz se expanda dentro de ti hasta que llene todo tu ser.

Permite que la Luz se convierta en tu maestro y permítele cambiarte y transformarte gentilmente hacia patrones y frecuencias apropiadas a medida que te mueves constantemente hacia la unicidad.

Los canales de Luz te traen energía e información para nutrir tu crecimiento y amorosamente entretejerte aún más hacia la red de Luz que es el universo.

29.
El reto de la unicidad

Joanna: ¿Cuál es el mayor desafío que nos espera?
Alariel: Enfocarse en la unicidad y en la necesidad de cambiar la sociedad humana para que refleje la unicidad. Desde nuestra perspectiva, la unicidad es la única verdad absoluta, y toda la fragmentación aparente de la vida sobre la Tierra es una ilusión. La ilusión reside en la separación aparente de cada ser, su capacidad para mantenerse solos y aislados de cualquier otro ser. Sus científicos están descubriendo ahora que todos los seres vivos están mucho más cercanamente conectados de lo que habían creído. Todos ustedes existen en una continuidad de consciencia y energía, y no podrían separarse de este sistema de vida compartido y seguir existiendo.

Ese conocimiento es el inicio del respeto. Vivir en el planeta Tierra es mucho acerca de aprender el respeto. Respeto por todas las formas de vida, todas las tradiciones y culturas, tan extrañas como parezcan. Vemos cambios hacia esa dirección en muchos niveles de la consciencia humana, y muchos pequeños movimientos alejándose del punto de vista tradicional, que ve a los demás como rivales o adversarios. A pesar de la persistencia de zonas de caos y conflicto, la humanidad está explorando la unidad en una forma que hubiera sido inimaginable tan solo hace una generación. Las líneas internacionales de comunicación y las estructuras de cooperación están evolucionando hacia la habilidad para pensar y actuar de forma global, una respuesta totalmente humana para la mayor necesidad humana.

Entonces, para que esta colaboración pueda funcionar eficazmente, están teniendo que dejar ir la pesadez de su pasado marcado por la batalla y dejar ir sus miedos y sospechas en el basurero de la historia. Incluso están comenzando a ir más allá de la codicia y aprendiendo a vivir de manera sustentable que no genere violencia para este planeta. Y están descubriendo que la única forma de que alguien gane a largo plazo es que todos ganen, incluida la Tierra.

La totalidad de este planeta, que han estado estudiando como un sistema energético unificado, está ahora emergiendo en su consciencia como un sistema de consciencia unificado. Más aún, están comenzando a comprender que la energía y la consciencia no son dos cosas separadas, sino una sola. Y juntas forman una red del ser, continua e intacta:

Una energía y consciencia en todo lo que es, y toda la existencia como una sola red de vida.

Es un gran salto el comprender que la energía y la consciencia son diferentes frecuencias de una misma cosa. Sus físicos están ahora tan solo en las primeras etapas, comenzando a lidiar con esto. La totalidad de su ciencia está ahora avanzando hacia áreas sutiles y desafiantes. La visión holística e integradora, iniciada por sus filósofos, está ahora volviéndose la realidad de cada día de sus científicos, a medida que estudian los finales humanos y planetarios de este vasto continuo, y sus vínculos y conexiones sutiles y vitales.

La unidad está comenzando a verse menos como un sueño imposible y más como una descripción de la realidad científica de las cosas, y una fórmula para la sobrevivencia personal y planetaria. Y, debido a todo esto, están comenzando a expandir su consciencia y a alcanzar nuevas posibilidades del ser. Todo esto los está transformando en formas que sus abuelos no hubieran siquiera podido comenzar a entender. Mientras más fluyan con esta energía y se sintonicen con la consciencia de unidad, más rápido traerán la reconciliación a su mundo dividido.

Parte de su viaje hacia la unicidad es dejar ir su pasado. Intenten no aferrarse a una posición establecida sobre nada ni nadie. Por mucho que sientan los pros y contras de una situación en particular, esto podrá cambiar con el tiempo:

El ayer odiado líder terrorista se convierte en el negociador político ahora aceptado y el estadista mañana honrado.

El tiempo sigue, la gente cambia y la percepción sobre ellos también cambia. Siempre permitan ese cambio, manteniendo una mente abierta en todo y todos.

No se aferren a nada y no se resistan a nada. De esa manera, mantienen su energía enfocada en el aquí y ahora, y su consciencia permanece joven para siempre. Eviten también el estrés, una causa principal por la que es un fracaso el dejar ir. Permitan que la vida fluya a través de ustedes, reconozcan y acepten lo que sea que la vida les presenta ahora.

Sé consciente, acepta, deja ir y sigue adelante.

Al hacer eso, te mantienes en el flujo de la unicidad y no te jalas a ti mismo fuera de la corriente hacia la separación y aislamiento. Estas cualidades son parte del arco largo que conduce a la rigidez y a la muerte. Al elegir el camino de la fluidez, el camino de la unicidad, eligen el camino de la vida. Al hacer eso, automáticamente se mueven hacia el punto de equilibrio, el enfoque del balance.

En el equilibrio, todo el drama del mundo cae, todas las dificultades y juicios, toda la angustia y el dolor. Aquí, solo el amor y la Luz son reales y todo lo demás se lo lleva el viento. En este estado, comprenden que todo es perfecto, no en el sentido de ser igualmente bueno, sino en la realización de que el balance perfecto de las cosas te enseña amor y te ayuda a moverte hacia la Luz.

Joanna: Mucho de lo que han dicho acerca de la unicidad tiene resonancias con la física moderna, especialmente la física cuántica. Ésta parece haberse desarrollado bastante rápido hacia algunas áreas bastante sutiles y holísticas.

Alariel: Sí, y el ritmo de desarrollo se incrementa todo el tiempo. Sus científicos están ahora aceptando la posibilidad de un universo multidimensional como la única forma de hacer que funcionen las matemáticas. Las matemáticas no mienten, pero en ocasiones te demandan cambiar tus ideas si éstas son demasiado rígidas y limitantes.

Esta realineación y expansión de la consciencia llega en un momento vital para ustedes. Viven en un mundo dividido y peligroso, en donde es demasiado sencillo olvidarse de la unicidad y el perdón, y comenzar a pensar en términos de castigo y venganza. Pero a pesar de eso, es aún cierto que las soluciones basadas en violencia, dividen, mientras que aquellas que se basan en el perdón, unifican.

Joanna: ¿Es necesario que el perseguidor se arrepienta y muestre remordimiento, antes de que el total perdón por parte de la víctima sea posible?

Alariel: No. Jeshua no dijo: «Prepárate para perdonar a tu enemigo tan pronto se arrepienta». En cambio, su mensaje fue simplemente el perdonar a tu enemigo. El perdón puede suceder en cualquier momento y, tan pronto como hayan perdonado a alguien, se liberarán a ustedes mismos de la conexión energética entre ustedes. Al perdonar, rechazan cualquier clase de separación y afirman la unicidad. La consciencia de la unidad es una lección difícil de aprender, pero el perdón es un componente vital en el crecimiento espiritual en una humanidad que despierta.

Joanna: Pero la unicidad puede ser bastante desafiante en ocasiones.

Alariel: Sí. Serán retados a experimentar los dramas de este mundo y no ser atraídos hacia ellos; vivir rodeados de turbulencias y caos y aun así mantener la visión de amor y paz.

En tiempos de caos es difícil mantener ambos lados equilibrados en la Luz y mandar sus bendiciones a todos, sin embargo, eso es exactamente lo que necesitan hacer ahora. Ahora, sus vidas se están cruzando con el mayor proceso de transformación planetaria, y los mundos Interior y Exterior se están fusionando en uno. Liberen la energía pesada que los ata a la dualidad y den un paso al frente hacia la unicidad del corazón.

30.
Melquisedec y Metatrón

Cuando estábamos investigando para nuestro primer libro *Los esenios, hijos de la Luz*, Alariel reveló gran cantidad de información acerca de los Melquisedec y su relación con los esenios. A pesar de que comprendíamos que la orden de Melquisedec es una orden de servicio, de maestros avanzados operando en muchas partes de la galaxia, aun así, sabíamos muy poco acerca del líder de la orden, así que formulamos una pregunta para cubrir eso:

Joanna: ¿Podrías contarnos por favor acerca del gran ser que fundó la orden de Melquisedec?

Alariel: Para entender a los Melquisedec, primero es necesario entender su relación con Metatrón. El trabajo de estos dos grandes seres está entrelazado y ninguno puede ser comprendido de forma separada.

Hay dos principales aspectos del universo: Luz (que también puede ser percibida como energía), y consciencia. La Luz crea todos los niveles del universo bajando hasta el nivel físico. Todo lo que puedes ver (incluidos otros seres) está hecho de Luz, cristalizada o solidificada hasta alcanzar el nivel físico.

La consciencia crea el proceso a través del cual los seres de Luz evolucionan espiritualmente, siendo esa evolución la que te da la razón para tu existencia y el arco de tu desarrollo. Ambos, una roca y el más grande arcángel, están hechos de Luz, pero la consciencia de la roca existe en potencia, mientras que la del arcángel existe en la evolución y la realización. En términos de vibración, la consciencia de una roca es extremadamente lenta, desorganizada y cruda, mientras que la consciencia de un gran arcángel es rápida, estructurada y refinada.

Metatrón supervisa la energía, el aspecto de Luz del universo, creando la Luz y los protocolos y lenguaje de la Luz; mientras que Melquisedec supervisa la educación espiritual y el desarrollo de la consciencia de todos los seres materiales. El desarrollo de los seres angelicales es supervisado por Metatrón. Entonces, en cierto sentido, Metatrón provee el ambiente físico en el cual sucede la evolución espiritual, mientras que Melquisedec nutre y sostiene esa evolución en el desarrollo de la consciencia.

Su trabajo es muy diferente, pero juntos se combinan para proveer una experiencia completa para muchos seres en diferentes niveles de desarrollo. La red de resultados en su trabajo en conjunto es tomar la vida en una etapa muy lenta y primitiva y habilitarla para que expanda su consciencia, así, lo que emergerá con el tiempo serán seres iluminados.

Comentario de Stuart: Ambos, Melquisedec y Metatrón se consideran grandes seres que existen más allá de los límites del espacio tiempo. Algunas autoridades dicen que Metatrón es un arcángel, pero, ya que se le considera como el más poderoso de los arcángeles, parece más probable que sea uno de los Elohim, los líderes de la hueste angelical y los arquitectos de la creación.

La mayoría de las autoridades consideran a Melquisedec como un ser estelar avanzado, es decir, un miembro de una civilización en alguna galaxia que ha pasado a través de un proceso de ascensión y ahora es un ser de Luz atemporal y eterno.

La sesión continúa:

Joanna: ¿Las enseñanzas de Melquisedec están limitadas a la geometría sagrada?
Alariel: En absoluto. Para los seres humanos es difícil comprender la flexibilidad absoluta del proceso de enseñanza Melquisedec. Cuando contactan por primera vez a una civilización, pasan tiempo aprendiendo qué cultura está más interesada en qué, y, cuando enseñan, lo hacen dentro de ese parámetro de

interés. Algunos ejemplos de la historia terrestre podrían servir para ilustrar este proceso.

Descubrieron que los mayas estaban fascinados con el tiempo, así que les enseñaron sobre calendarios. Descubrieron que los druidas estaban fascinados por el mundo natural, así que les enseñaron la sabiduría de los árboles, las hierbas y las estrellas. Descubrieron que los griegos estaban fascinados por las líneas y formas, así que les enseñaron acerca de la geometría sagrada. Descubrieron que los judíos estaban fascinados por el contraste de la Luz y oscuridad, así que les enseñaron acerca del conflicto entre el bien y el mal. Descubrieron que los egipcios estaban fascinados por la transformación, así que les enseñaron acerca de la ascensión.

Entre todos los planetas con vida inteligente a lo largo de todas las galaxias, encontraron diferentes personas interesadas en muchas cosas diferentes, y les hablaron acerca de cualquiera que fuera ese interés. Así que no forzaron sus puntos de vista sobre nadie, en cambio, ayudaron a todos a expandir la semilla de Luz que permanecía dormida en su consciencia. Los Melquisedec tienen una pequeña frase para explicar este proceso. Ellos dicen: «Nosotros siempre trabajamos con la corriente del agua y el grano del bosque». Eso es eminentemente sensato, ya que el intentar enseñar a la gente algo que encuentran soso y aburrido, es una tarea poco agradecida que ¡los Melquisedec son demasiado inteligentes para intentar!

Joanna: ¿Cuál creen que sea el principal objetivo de los Melquisedec aquí en la Tierra?

Alariel: *Sobre todo, los Melquisedec están intentando ayudarles a alcanzar su potencial como seres humanos, a través de ayudarles a refinar su consciencia para que puedan elevarse hacia los más altos niveles de consciencia humana. Los Melquisedec están principalmente revinculando con la Fuente a todos los seres a quienes enseñan, mostrándoles cómo acceder a la verdad, a la divina presencia que llevan dentro. Este proceso tiene el efecto de reprogramar la consciencia y alinear esa consciencia con la estructura de Luz subyacente del universo.* Esto lleva de forma automática al individuo lejos de una percepción egoísta y materialista de las cosas, y los reorienta hacia metas más espirituales.

El alcanzar metas que se encuentran a lo largo de su camino espiritual, liberará gran alegría dentro de ustedes y esas experiencias de alegría serán vistas como regalos del Espíritu. Es por eso que la orden de Melquisedec ha sido descrita como los administradores de los regalos del Espíritu, aunque, para ser más exactos, administran el proceso de desarrollo que permite que los regalos del Espíritu lleguen a sus vidas.

31.
La tecnología de la Luz

A medida que la sesión con Ingrid tenía tal conexión verdadera con las nuevas energías que están llegando, los nuevos niños y el nuevo mundo, le pedimos a Alariel que nos platicara sobre eso.

Alariel: Lo que estamos considerando aquí es la tecnología de la Luz. Sabemos que esto es difícil de entender para muchos seres humanos porque están pensando en la «luz», con «l» minúscula, la luz común de los sistemas estelares; pero esta es «Luz» con una «L» mayúscula, una energía espiritual poderosa.

La tecnología de la Luz, originada y estructurada por Metatrón, y aplicada en el desarrollo de la consciencia por los maestros Melquisedec a lo largo de todo el universo, es un factor esencial en el crecimiento y la transformación espiritual. El despliegue y desarrollo de la consciencia depende de esta tecnología de la Luz. Hay toda una serie de técnicas, procesos y activaciones que aplican la energía de la Luz a la consciencia humana para asistirla en su despliegue.

La energía de la Luz y del amor incondicional trabajan juntas en el proceso del desarrollo espiritual. Si consideran cómo estas energías combinadas de Luz y amor fueron traídas a este planeta, hay tres principales etapas en ese proceso:

1. Durante la era Atlante, los líderes espirituales en ese entonces, decidieron enfocar esta energía, haciéndola accesible para iniciados altamente entrenados en los sistemas de los templos de Atlántida.
2. Jeshua ancló esta energía en Israel a través de su colaboración con María Magdalena y a través del proceso iniciador de la crucifixión. Ese proceso envió un gran eje vertical de esta energía hacia la Tierra, completando el

anclaje y estabilizando esta energía en la matriz energética de este planeta. Una vez hecho eso, esta energía se volvió accesible para cualquiera que estuviera abierto al proceso de transformación enfocado a través del centro del corazón.

3. Los niños cristal circularían esta energía por todo el mundo, llevándola a la consciencia y experiencia de toda la gente de buena voluntad. Esto la haría accesible universalmente de una forma que no era posible con las condiciones vibracionales de hace dos mil años.

Cada uno de estos tres pasos, enfoque, anclaje y circulación, son un eslabón vital en la cadena, y juntos preparan seres humanos para la gran aventura de la transformación y crecimiento rápido espiritual.

Todo este proceso de crecimiento rápido y ascensión es apoyado por un sistema de tecnología de Luz. La tecnología de Luz trabaja de formas prácticas a través de un sistema complejo e integrado de geometría. Las codificaciones que abren «puertas» para los múltiples niveles de consciencia, se manifiestan en forma de patrones geométricos. Cuando alineas tu campo energético con la geometría de una puerta, se activa la codificación, permitiéndote el acceso a ese nivel de consciencia.

Otras geometrías gobiernan la apertura de portales o vórtices de energía y canales a través de los cuales se transmite la energía e información a lo largo del universo. El vínculo entre la energía, la geometría, la Luz y la consciencia, es muy poderoso. A medida que se mueven hacia el nuevo mundo, esta tecnología de Luz será mucho mejor comprendida. Los niños cristal, particularmente, no solo están listos para esta tecnología de Luz, sino que serán sus mejores maestros sobre el tema. Muchos de ellos provienen de civilizaciones avanzadas en donde se ha enseñado y comprendido la tecnología de la Luz, y se ha aplicado por siglos.

Como ya hemos mencionado, los niños cristal serán capaces de expresar mensajes mucho más rápido que cualquier comunicación verbal, y una parte de esta manifestación de sus intenciones será un intercambio de geometrías y un sutil rango de colores que reside fuera de la experiencia humana normal. Para comprender todo el significado de estas geometrías, es importante percatarse de que no están confinadas a diseños estáticos, sino envueltos en procesos fluidos moviéndose a través de series de patrones en desarrollo.

Comentario de Stuart: Uno de los mejores ejemplos que hemos encontrado del principio de la geometría sagrada, fluyendo de un patrón a otro, es el DVD Merkabah: Voyage of a Star Seed (ver Lecturas recomendadas bajo Hurtak).

La sesión continúa:

Alariel: También pueden observar geometría avanzada comunicándose con las almas que han venido de sistemas estelares distantes. Muchos de los diseños circulares en cultivos son poderosos porque tienen la habilidad de activar señales pre codificadas del sistema estelar de origen de una persona. Esto no es «ET teléfono casa», es más bien como «casa llamando a ET». Esto es, el sistema estelar de origen enviando una señal de despertar y activación para los ex-ET ¡que están ahora teniendo una experiencia humana!

Estén atentos a formas cada vez más creativas de transmitir geometría avanzada para la audiencia humana. Cada grupo recibirá su propia llamada «del despertar», llevada por el patrón geométrico apropiado, diseñado para desencadenar codificaciones que han sido plantadas en secuencias sutiles del ADN, aquellas secciones que no han sido aún comprendidas por sus científicos.

Es más importante darse cuenta de que su ADN en sus secuencias más avanzadas contiene patrones que van más allá del nivel en el que la mayoría de los humanos funcionan ahora. Estos patrones están relacionados con su desenvolvimiento y transformación, y su elevación desde su estado del ser presente hacia niveles avanzados de consciencia.

Toda la continuidad de geometrías a lo largo del universo está conectada a través de un patrón holístico de secuencias que enlazan todo junto en un único sistema integrado. La analogía más cercana que podemos hacer aquí es con la secuencia de llaves que sostiene la estructura de la música. Una vez que sabes cómo progresan las llaves a lo largo de una serie de cambios lógicos, puedes comenzar a comprender todo el sistema. De la misma manera, la tecnología de la Luz progresa a través de secuencias geométricas para presentar un sistema holístico de consciencia desenvolviéndose, que es tanto unificada en su diseño general como adaptada perfectamente a cada una de las etapas individuales.

Comentario de Stuart: Encontramos esta sección notablemente clara e importante. Nos da un contexto dentro del cual podemos comenzar a entender la experiencia de Ingrid trabajando con canales de Luz durante su vida en el templo de Isis. Sobre lo que Alariel habla aquí es la historia interna de la humanidad, un arco de desarrollo que se extiende a lo largo de muchos miles de años. La forma en que trabajan los líderes espirituales para promover este desarrollo a lo largo de tan amplia escala de tiempo, nos da esperanza para el progreso espiritual a largo plazo de los seres humanos, a pesar de todo el caos y egoísmo que parece dominar al mundo.

Cuando nuestra segunda sesión con Isabel también comenzó a explorar energías avanzadas y sutiles, le pedimos también a Alariel sus comentarios acerca de esta información.

Alariel: Los seres humanos avanzados que están trabajando para la Luz, están conectados en formas sutiles con los humanos promedio que no serían capaces de entender. Hay un sistema de energía y consciencia que conecta a todos los trabajadores en la Luz y los une a una red de comunicación telepática. Esta red de Luz utiliza patrones geométricos para integrar todo el sistema a una red holística, con pulsos energéticos moviéndose por toda la red; así que este es un proceso de dos vías, la información fluye hacia abajo desde el centro, pero también fluye hacia arriba desde cada individuo. El estar vinculado a esta red establecerá una resonancia sutil que los conectará a cada uno de los demás trabajadores de la Luz, y los atraerá para ponerse en contacto con ellos, quizá hasta reunirse en alguna ocasión.

Utilizando esta red, cada trabajador de la Luz desarrolla lo que solo podemos llamar «antena», en forma de habilidad para sentir la presencia e importancia de cualquier otro trabajador de la Luz con quien pudieran encontrarse, incluso si los encuentran por «accidente», como dirían ustedes. Las amistades formadas por estos encuentros casuales son tan profundas y de tal calidad, que los humanos promedio no podrían entenderlo. Hay una conexión profunda a nivel del corazón y un nivel de confianza que parece desafiar la lógica convencional. De cualquier manera, cuando consideras que estas «reuniones casuales» pueden juntar almas que han sido amigas o colegas durante muchas vidas, todo esto comienza a tomar más sentido.

La naturaleza sutil de esta red de Luz conectando a todos estos trabajadores de la Luz, puede ser comprendida únicamente pensando en términos multidimensionales. A medida que cada ser humano evoluciona en consciencia, hay cambios en la estructura del ADN cuando sus niveles multidimensionales comienzan a activarse. Esta activación produce un pulso de resonancia, una firma llave que es expresada como una nota musical. Cuando te centras y sintonizas con la Luz, automáticamente se envía tu nota-llave a través de la red como un pulso de energía de cierta vibración. Esta nota-llave atrae la atención de otros trabajadores de la Luz cuyo ADN ha evolucionado al mismo nivel, y cuya nota-llave está en una frecuencia similar. Eso los atrae para estar en contacto contigo a medida que te mueves a través del mundo exterior, entonces, cuando se encuentran contigo en ese mundo, te ven como un viejo amigo y compañero de trabajo de la Luz, cuya evolución espiritual va a la par de la tuya.

Todo este proceso sutil va a desconcertar al ser humano promedio que no es parte de este proceso de trabajo en la Luz, ya que pareciera desafiar la lógica. Pero aquellos que son capaces de pensar en formas multidimensionales, siempre encontrarán esto perfectamente razonable.

Otro aspecto de este proceso es la manera en que expande su habilidad de responder a patrones geométricos y colores sutiles que son pálidos, brillantes o iridiscentes. Los colores demasiado sutiles y la geometría fluida, en movimiento, los alimenta a nivel del alma y expande sus habilidades en formas que van más allá de su entendimiento actual. Estas entradas a través de la red de Luz están preparándolos para el trabajo que viene por delante, trabajos que requieren cierto nivel de sensibilidad que actualmente es muy raro entre los humanos. En cierto sentido, esas entradas les dan una prueba de la vida que está por venir, sutil y liberal, de despliegue de consciencia.

32.
Evolución y diseño

Aquí, Alariel continúa desarrollando el tema del último capítulo:

Alariel: El despliegue de consciencia es paralelo al despliegue y *desarrollo de la geometría, brindándole a todo el proceso una unidad esencial que no podría lograrse por cualquier diseño fragmentado o una combinación aleatoria de elementos. El diseño inteligente, expresado en matemáticas y geometría, gobierna todo el proceso universal de la creación y despliegue, un diseño manejado e implementado por la hueste angelical y sostenido por la tecnología de la Luz.*

Este sistema incorpora ambas, evolución física y espiritual, para poder generar la mayor diversidad de vida posible, manifestándose en sistemas estelares incontables a lo largo de millones de galaxias. Este amplio alcance de la vida produce formas y expresiones de consciencia cada vez más sutiles y armoniosas, a medida que cada oleada de vida se mueve a través de su propio ciclo de desarrollo.

La evolución física puede producir diversidad de forma y función, pero solo la evolución espiritual puede producir diversidad de consciencia.

En el conglomerado de todas las consciencias en todas las galaxias, pueden comenzar a vislumbrar la inmensidad del Dios Padre-Madre. Esta totalidad de todo lo que es, se desarrolla y evoluciona continuamente y su evolución humana es parte de ese proceso de desarrollo mayor.

Ustedes han sido los niños inconscientes de Dios, pero ahora se están convirtiendo en líderes conscientes del proceso de cambio y crecimiento espiritual. Es tiempo de dejar a un lado las creencias limitantes y valores autoritarios de su historia previa y dar un paso al frente como los seres empoderados e iluminados por Dios, que realmente son. Este es el destino de la humanidad despierta, a medida que la creación se mueve hacia la cocreación y el verdadero propósito del universo comienza a emerger en su comprensión.

A pesar de que han logrado mucho y han viajado lejos en su peregrinaje espiritual, la vastedad de su aventura hacia la consciencia apenas comienza. Aún están comenzando a sobrepasar las limitaciones de este pequeño planeta y, a medida que su consciencia iluminada trasciende sus fronteras, ustedes se convierten en:

> *Maestros de todas las leyes de la mente y la materia,*
> *Viajeros de los más altos planos de existencia,*
> *Ciudadanos del universo.*

Este es el verdadero propósito de sus vidas, no presionar un pequeño camino hacia el espacio, sino explorar todas las posibilidades de consciencia y ser. Mientras más exploren el reino de la consciencia, más trascenderán la ilusión de dualidad y entrarán en la realidad de la unicidad, la cual es su pasaporte para una forma ilimitada de ser. A través de este proceso, su relación con su ambiente cambia y dejan de ver la naturaleza como algo por conquistar. Desde esta nueva perspectiva, comenzarán a comprender qué bien los ha nutrido el universo y les ha provisto para sus necesidades. En esta nueva comprensión, comenzarán por fin a ver el gran propósito detrás de todo.

> *y desarrollado a través de los procesos*
> *de evolución física y espiritual,*
> *el universo provee de un teatro ideal*
> *para la obra sutil e interacción de la consciencia.*

A través de la alineación de sus vidas con este entendimiento más amplio, sentirán cada vez más la existencia de un nivel más profundo que los restaura y nutre:

*En este nivel no hay nada por comprender,
nada que recordar y nada por hacer.*

*En este nivel no existe tensión ni conflicto,
Ya que aquí el Padre-energía de la paz
y la Madre-energía del amor
están unidos en el misterio de la unicidad.*

*Aquí no hay preguntas por formular,
no hay dificultades con las cuales luchar,
no hay cargas por llevar.*

*Aquí la comprensión abre camino al conocimiento,
y todas sus heridas son sanadas.*

Parte nueve:

Conclusión

Nuestras vidas están ancladas a la tierra,
Y sin embargo vuelan y cantan hasta tocar las estrellas.

Stuart Wilson

33.
Epílogo: volar y cantar

Lo que comenzó como una investigación de vidas pasadas en un valle tranquilo al oeste de Inglaterra, ha ido ahora, a través de nuestro libro Los esenios, hijos de la Luz, hacia todo el mundo y está trayendo en contacto a un círculo aún más grande de amigos. Sentimos que este proceso de redes es tan importante a medida que nos movemos a través de la experiencia del 2012, ¡porque es grato saber que no estás solo al ver al mundo de una manera bastante diferente!

Ahora otro viaje ha llegado a su fin y este segundo libro está listo para salir al mundo. Enviamos nuestros mejores deseos a todos nuestros lectores.

A pesar de que el eje central de este libro sean las sesiones de regresión a vidas pasadas, todo el proyecto se alzó a un nuevo nivel a través de nuestro contacto con Alariel. Hubiera sido un libro mucho más soso y menos interesante sin toda esta información de Alariel, y les enviamos nuestro agradecimiento a él y a todo su equipo angelical.

Lo que hemos aprendido a través de todo este contacto fue que los ángeles consideran el futuro de la humanidad a largo plazo como algo positivo y lleno de esperanzas. Basándonos en su optimismo, sentimos que eventos significativos están por venir, a medida que nos movemos hacia un tiempo bastante especial e importante.

Ahora es tiempo de moverse hacia nuevos patrones de vida, nuevas formas de ser. Un tiempo para despertar y observar a nuestro alrededor. Un tiempo para abrir nuestras alas y alcanzar un futuro mejor.

¡Vuela y canta!

Glosario

AD/AC: Estos términos no son del aprecio de muchos no cristianos y en este libro se han utilizado sus equivalentes modernos: e.c. (era común) y a.e.c. (antes de la era común).

Ángeles: Los seres no físicos que sirven al Dios Padre-Madre, y que actúan como «mensajeros» trayendo apoyo, conocimiento e inspiración para la humanidad.

Ascensión: La tradición judía menciona la ascensión de Enoc y Elijah, así como otras cuatro ascensiones (en los textos no canónicos). La ascensión es un proceso de elevación vibracional, expansión de consciencia y unión con la Luz.

Atlántida: El continente antiguo legendario que tiene reputación de haber cubierto la mayor parte de lo que ahora es el océano Atlántico.

Cábala: Ver Qabalah.

Cátaros: Un movimiento de cristianos independientes, inspirados en los ideales gnósticos, que floreció en su mayoría al sur de Francia y el norte de Italia, entre 1140 y 1244 e.c. El papa Inocencio III inició una cruzada en contra de los cátaros en 1208 y el movimiento nunca se recuperó de la masacre en Montsegur en 1244 e.c.

Consciencia arcoíris: También conocida como consciencia de espectro completo. Es un estado de consciencia en la que pueden ser vistas todas las opciones y posibilidades, porque la consciencia no está desorientada ni disminuida por bloqueos o limitaciones.

Cuerpo de Luz: También llamado manto de Luz o Merkabah. Es el cuerpo llave para el proceso de ascensión: provee un vehículo de consciencia cuando, eventualmente, se trasciende la forma y el cuerpo físico no es más requerido.

Druidas: Los maestros y líderes del pueblo celta. Los druidas tenían contacto tanto con los kaloos como con los esenios.

Elohim: Los líderes de la hueste angelical. Estos grandes seres angelicales son reconocidos como los arquitectos de la creación.

Escuelas de misterio: Centros de enseñanza, evaluación y crecimiento espiritual a lo largo del mundo antiguo. Sus iniciados más avanzados alcanzaron altos niveles de consciencia.

Esenios: Uno de los tres grupos principales dentro del judaísmo en tiempos de Jeshua. (Ver también fariseos y saduceos).

Fariseos: Grupo rabínico que controló el sistema educativo operado a través de sinagogas. Cuando desaparecieron los saduceos y los esenios, el grupo fariseo quedó como el canal principal del judaísmo moderno.

Gnósticos: Movimiento de libre pensadores y místicos independientes que emergieron en los primeros años del cristianismo. La gnosis es un estado de conocimiento profundo en el que el conocedor y conocido se unen y se convierten en uno.

Israel: A lo largo de este libro, el término «Israel» se ha utilizado en lugar del término tradicional de «Palestina». A los judíos siempre les ha disgustado ese término, ya que proviene de una raíz que significa «filisteo».

Jeshua benJoseph: El nombre esenio de Jesús, siendo otra forma, Yeshua. Ya que a Jeshua nunca se le llamó «Jesús» en su época, a lo largo de este libro hemos utilizado la forma original y auténtica de este nombre.

Jesús: Ver Jeshua.

Kaloos: La poca gente remanente diseminada de los atlantes. Ellos fundaron las comunidades esenias, trabajando bajo la dirección de la orden de Melquisedec.

Lemuria: El continente antiguo legendario que tiene la reputación de haber cubierto la mayor parte de lo que ahora es el océano Pacífico.

Luz: Luz, en un sentido espiritual (con «L» mayúscula), es la Luz divina, eterna e ilimitada (Ein Sof). Es bastante diferente de la luz común de los sistemas estelares (con «l» minúscula).

Melquisedec: Un gran ser de Luz que preside la orden de Melquisedec, una orden de servicio de maestros avanzados trabajando en muchos sistemas planetarios a través de la galaxia.

Mesías: El salvador judío que se esperaba que salvara a su gente y restaurara la gloria de Israel. Reconocido por los judíos como un gran profeta y un rey de la línea davídica.

Metatrón: Un gran ser angelical que supervisa el aspecto de Luz del universo, creando la Luz y los protocolos y lenguaje de la Luz.

Oro etherium: Oligoelemento, también conocido como oro monoatómico, que se da de forma natural en depósitos minerales antiguos. Toma forma de polvo con propiedades inusuales electromagnéticas y superconductivas.

Palestina: Ver Israel.

Qabalah: El núcleo místico del judaísmo, fundado bajo las enseñanzas del Zohar o el Libro de los esplendores, y enfocado en el simbolismo del Árbol de la vida.

Rollos del mar Muerto: Alrededor de 500 rollos (o fragmentos de rollos), principalmente hebreos y arameos, descubiertos a partir de 1947 en las cuevas de Qumrán y en otras locaciones cerca del mar Muerto.

Saduceos: El grupo de judíos adinerados y terratenientes que fueron principalmente sacerdotes y que controlaban el templo de Jerusalén.

Seres estelares: Seres que, usualmente de forma física durante alguna parte de su evolución, poblaron varias civilizaciones en esta galaxia y en otras. Son también conocidos como «ETs» o «extraterrestres».

Yeshua: Ver Jeshua.

Zelotes: Grupo de judíos extremistas que se veían a sí mismos como guerreros de Dios, enfocados en una guerra apocalíptica en la que los romanos fuesen expulsados e Israel sería reclamado y purificado.

Lecturas sugeridas

Proporcionamos un gran número de fuentes esenias en la sección de lecturas recomendadas de nuestro libro Los esenios, hijos de la Luz, así que no hay necesidad de repetir esa información aquí. En su lugar, nos enfocamos en fuentes que enlazan directamente a este libro.

Astell, Christine, Discovering Angels: Wisdom, Healing, Destiny, Duncan Baird Publishers, Londres, 2005. Una introducción al mundo de los ángeles, bien escrita, exhaustiva y hermosamente ilustrada. (Para talleres, ver www.angellight.co.uk)

Atwater, P.M.H., Más allá de los niños índigo: Los nuevos niños y la llegada del quinto mundo, ITI En español, 2008. Provee un a ayuda práctica para reconocer y criar a los nuevos niños. Uno de los pocos libros que captan el panorama general y muestran cómo encajan los nuevos niños en él.

Baigent, Michael; Leigh, Richard; Lincoln, Henry: El enigma sagrado (original The Holy Blood and the Holy Grail), Booket México, México, 2013. Este es el bestseller internacional que popularizó por vez primera las ideas controversiales alrededor de María Magdalena.

Brown, Dan, El código da Vinci, Planeta, Barcelona, 2017. Este es el libro que atrajo atención masiva en la importancia de María Magdalena. Un thriller bien escrito y absorbente.

Browne, Sylvia, The Two Marys: The hidden history of the Wife and Mother of Jesus, Piatkus, London, 2008. Una perspectiva única acerca de las vidas de dos de las mujeres más importantes en la vida de Jesús.

Cannon, Dolores, Jesús y los esenios, Ozark Mountain Publishing, Huntsville, AR, 2020. El primer gran avance en material de regresión sobre vidas esenias. Proporciona un relato detallado acerca de Qumrán y mucho conocimiento acerca de la realidad de la vida esenia. Altamente recomendado.

Carroll, Lee y Tober, Jan, Los niños índigo, Obelisco, Barcelona, 2001. La clásica introducción al tema de los niños índigo.

Cooper, Diana, A New Light on Ascension, Findhorn Press, Forres, Scotland, 2004. Escrito con un estilo claro y directo, ésta es por mucho la mejor introducción a todo el tema de la ascensión. Altamente recomendado.

Gardner, Laurence, El legado de María Magdalena, Obelisco, Barcelona, 2006. Una publicación de todas las fuentes principales en la sabiduría de Magdalena, bellamente escrita y minuciosamente investigada.

Heartsong, Claire, Ana, la abuela de Jesús: Un mensaje de Sabiduría y Amor, Publicado Independientemente, 2022. Un libro sabio y profundo que arroja luz sobre una parte vital de la herencia familiar de Jesús.

Hilarion, The Letters of Paul: A New Interpretation for Modern Times, 0 Books, Winchester y New York, 2005. Cartas canalizadas por Sylvia Moss, que nos brindan una nueva perspectiva sobre la vida de Pedro y su trabajo. Informativo, lúcido y lleno de conocimiento.

Holbeche, Soozi, Changes: A Guide to Personal Transformation and New Ways of Living in the Next Millennium, Piatkus, London, 1997. Un libro lleno de conocimiento y herramientas prácticas que nos ayudan a entender y manejar el proceso de cambio.

Hurtak, James J, and Bozzoli, Jean-Luc, Merkabah: Voyage of a Star Seed (DVD), Academy for Future Science, Los Gatos, CA, 1998. Una poderosa presentación visual de las ideas esenciales en el texto clásico de Hurtak, The Keys of Enoch. Muestra cómo es el movimiento, desarrollo y flujo de la geometría sagrada. Altamente recomendado como medio de expansión de la consciencia.

Ingram, Julia, The Lost Sisterhood: The Return of Mary Magdalene, the Mother Mary and Other Holy Women, Dreamspeaker Creations, Fort Collins, CO, 2004. Este libro, basado en toda una serie de regresiones a vidas pasadas, pone de vuelta a la perspectiva femenina en los relatos del ministerio de Jeshua.

Kinster, Clysta, Mary Magdalene, Beloved Disciple, Cygnus Books, Llandeilo, 2005. Una novela que sitúa a Jeshua dentro del marco del mito de Osiris. Un libro extraordinario, hermoso y escrito sensitivamente.

Losey, Meg Blackburn, Los niños de ahora; El fenómeno de los niños de la nueva era: niños cristal, índigo, de las estrellas y ángeles sobre la Tierra. Obelisco, Barcelona, 2016. Un escrito exhaustivo, práctico y perspicaz de los nuevos niños. Particularmente bueno acerca de los niños cristal y los «transicionales».

Matthews, Pamela, and Symons, Richard, Goddesses of the New Light: A Goddess-a-Day Cards, www.grail.co.nz, 2000. Un sistema de oráculo con 28 cartas, celebrando las energías de las diosas con pinturas de la destacada artista visionaria, Pamela Matthews. Altamente recomendado.

McGowan, Kathleen, La esperada, Ediciones Urano, España, 2011. Una novela intrigante, basada en las investigaciones del linaje de María Magdalena, situada principalmente en la región cátara del sur de Francia.

Melchizedek, Drunvalo, El secreto ancestral de la flor de la vida, (2 volúmenes), Océano, España, 2013. El mejor texto moderno que relaciona la geometría sagrada con el proceso de transformación espiritual.

Melchizedek, Drunvalo, Vivir en el corazón: cómo entrar en el espacio sagrado del corazón, Arkano Books, Madrid, 2014. Un libro y un CD de audio que provee un proceso meditativo para la transformación.

Melchizedek, Drunvalo, Serpiente de Luz: el movimiento de la kundalini de la Tierra y la ascensión de la luz femenina 1949 a 2013. Arcano Books, Madrid, 2008. Un libro notable para ayudarnos en nuestro camino y facilitar el proceso de transición.

Picknett, Lynn, María Magdalena: la diosa perdida del cristianismo, Océano, 2005. Un libro controversial y fascinante que describe a María como una discípula líder y esposa de Jesús.

Starbird, Margaret, La diosa en los evangelios: en busca del aspecto femenino de lo sagrado. Ediciones Obelisco, España, 2005. Un libro profundo y valiente que reexamina el papel de la sagrada feminidad en los primeros años del cristianismo.

Virtue, Doreen, Los niños de cristal: Una guía para conocer la nueva generación de niños sensitivos e intuitivos, Nirvana Libros, 2006. Una excelente introducción a toda el área de los niños cristal.

Virtue, Doreen, Indigo, Crystal and Rainbow Children: A Guide to the New Generations of Highly Sensitive Young People, (set de dos audios y CDs), Hay House, Carlsbad, CA, 2005. Una conferencia informativa en vivo de la autoridad mundial líder sobre los nuevos niños.

Whitworth, Belinda, New Age Encyclopedia: A Mind-Body-Spirit Reference Guide, New Page Books, Franklin Lakes, NJ, 2003 and Robert Hale, London, 2005. Un libro fuente, esencial para cualquier buscador en estos tiempos de transformación.

Wilson, Stuart and Prentis, Joanna, Los esenios, hijos de la Luz, Ediciones Obelisco, España, 2018. Este fue nuestro primer libro, brindando información sobre conexiones de esenios con druidas, la existencia de un núcleo central secreto alrededor de Jesús y el verdadero papel de José de Arimatea.

Nota 1: Algunos de los libros citados arriba (especialmente los títulos más esotéricos), pueden ser difíciles de encontrar en librerías generales. Pueden obtenerse de Arcturus Books en www.arcturusbooks.co.uk, teléfono 01803 864363, de Aristia en www.aristia.co.uk, teléfono 01983 721 6 , o de Cygnus en www.cygnus-books.co.uk.

Nota 2: Se puede acceder a más información acerca de los nuevos niños a través de las páginas web enlistadas en nuestra página web (ver la sección de comentarios de lectores). Muchas páginas web útiles se pueden encontrar también en el apéndice de Los niños de ahora por Meg Blackburn Losey.

Agradecimientos

Nos gustaría agradecer a todos aquellos cuyas experiencias de vidas pasadas forman el núcleo de este libro: su aporte fue esencial y no hubiera habido libro sin ustedes:

Cathie Welchman
Isabel Zaplana
Michael Schaefer
Ingrid Brechtel
Emma
Bina
Margaret

Un agradecimiento especial a Jennifer Crews por contribuir con el capítulo Comprendiendo a los nuevos niños. Mucho de lo que Jennifer dice, confirma nuestra propia investigación y su extensa experiencia trabajando con estos niños la vuelve altamente calificada para escribir este profundo análisis. Es notable cómo su experiencia práctica como profesional en este campo, respalda ampliamente lo que Alariel dice acerca de los nuevos niños.

Un gran agradecimiento a Isabel Zaplana y Michael Schaefer por toda su ayuda y apoyo. Isabel probó ser una traductora brillante e incansable, haciendo de nuestra sesión en alemán un gran éxito.

Nuestro especial agradecimiento a Cathie Welchman por su amistad y apoyo, particularmente en nuestra investigación sobre la concepción por Luz, en donde su entrenamiento como bióloga fue un componente esencial en el proceso de investigación. Cathie puede ser contactada a través de su página web, www.gaiaessences.com.

Nuestro agradecimiento a muchos amigos que han apoyado nuestro trabajo, particularmente Lyn y Graham Whiteman, Pamela Matthews y Richard Symons, Jackie Dixon, Anne MacEwen, Sylvia Moss y Chrissie Astell.

Joanna escribe: Estoy agradecida con Antony Delahay por aceptar gratamente la cantidad de tiempo que he pasado investigando y produciendo este libro. ¡Gracias, Anthony!

Muchas gracias a aquellos cuyos comentarios sobre nuestro primer libro nos permitieron ampliar nuestra investigación, especialmente a Gaynel Andrusko, Jim en Brisbane, William Brune en Missouri y Bernadette en Australia. Y nuestro agradecimiento a los muchos lectores que continúan contactándonos.

Acerca de los autores

COPYRIGHT TATANYA JARDINE 2008

Stuart Wilson es un escritor de nuevas perspectivas y el autor del bestseller, diccionario de nombres, Simply the Best Baby Name Book. Sus percepciones de la nueva consciencia se han ido desarrollando a lo largo de 30 años, trabajando con grupos comprometidos con el crecimiento personal. Durante nueve años, Stuart dirigió, junto con Joanna Prentis, el centro Starlight en el oeste de Inglaterra, un centro dedicado a la sanación y a la transformación de la consciencia.

Él escribe acerca de este periodo:

¡Fue inspirador y fascinante pero también agotador! Un flujo de visitantes llegó al centro, provenientes principalmente de Estados Unidos y Australia, pero algunos también de Europa. Tuvimos una época maravillosa y alucinante, sentados a los pies de maestros espirituales respetados internacionalmente y líderes de talleres.

Parte del trabajo del centro fue la regresión a vidas pasadas, y esto condujo a su colaboración con Joanna para escribir Los esenios, hijos de la Luz (publicado por Ozark Mountain Publishing en 2005). Basado en las regresiones de 7 sujetos, ese libro revela lazos de esenios con druidas, la existencia de un núcleo central secreto alrededor de Jesús y contactos con la orden de Melquisedec.

Joanna Prentis: Yo nací al sur de India en Bangalore. Cuando tenía casi tres años, mi familia regresó a Scotland, en donde pasé mi niñez y adolescencia. Al terminar la escuela, viajé mucho, me casé y viví en Hong Kong por dos años, después, viví diez años en el oeste de Australia, en donde nacieron mis tres hijas. Fue ahí en donde comenzó mi interés en medicina y educación alternativas, agricultura orgánica, metafísica y meditación. Junto con una enfermera local, dirigí un consultorio de Homeopatía y Radiónica.

Regresé al Reino Unido en 1979 y después me entrené como maestra Montessori, educando en casa a mis dos hijas menores, Katinka y Larissa, durante pocos años. Ahora tengo tres hermosos nietos.

Realicé varios cursos de sanación y tengo un diploma básico en psicología humanista. También entrené con Ursula Markham y tengo un diploma en hipnoterapia y terapia de regresión.

Con mi hija mayor Tatanya, fundé el centro Starlight en 1988, un centro para sanación y expansión de la consciencia. Con el paso del tiempo, Tatanya nos ha introducido a muchas técnicas innovadoras y gente interesante.

En 1999 cerramos el centro para enfocarnos en producir nuestros libros. Yo continúo con mi trabajo de regresiones y ahora nuestros lectores se ponen en contacto con nosotros desde todo el mundo.

Libros escritos por Stuart Wilson y Joanna Prentis

Los esenios, hijos de la Luz
Publicado por: Ozark Mountain Publishing

Power of the Magdalene
Publicado por: Ozark Mountain Publishing

The Magdalene Version
Publicado por: Ozark Mountain Publishing

Beyond Limitations
Publicado por: Ozark Mountain Publishing

Atlantis and the New Consciousness
Publicado por: Ozark Mountain Publishing

Para más información acerca de cualquiera de los títulos indicados arriba, títulos por publicarse u otros artículos en nuestro catálogo, favor de escribir, llamar o visitar nuestra web:
Ozark Mountain Publishing, Inc.
PO Box 754,
Huntsville, AR 72740
479-738-2348/800-935-0045
www.ozarkmt.com

Other Books by Ozark Mountain Publishing, Inc.

Dolores Cannon
A Soul Remembers Hiroshima
Between Death and Life
Conversations with Nostradamus, Volume I, II, III
The Convoluted Universe -Book One, Two, Three, Four, Five
The Custodians
Five Lives Remembered
Horns of the Goddess
Jesus and the Essenes
Keepers of the Garden
Legacy from the Stars
The Legend of Starcrash
The Search for Hidden Sacred Knowledge
They Walked with Jesus
The Three Waves of Volunteers and the New Earth
A Very Special Friend
Aron Abrahamsen
Holiday in Heaven
James Ream Adams
Little Steps
Justine Alessi & M. E. McMillan
Rebirth of the Oracle
Kathryn Andries
Time: The Second Secret
Will Alexander
Call Me Jonah
Cat Baldwin
Divine Gifts of Healing
The Forgiveness Workshop
Penny Barron
The Oracle of UR
P.E. Berg & Amanda Hemmingsen
The Birthmark Scar
Dan Bird
Finding Your Way in the Spiritual Age
Waking Up in the Spiritual Age
Julia Cannon
Soul Speak – The Language of Your Body
Jack Cauley
Journey for Life
Ronald Chapman
Seeing True
Jack Churchward
Lifting the Veil on the Lost Continent of Mu

The Stone Tablets of Mu
Carolyn Greer Daly
Opening to Fullness of Spirit
Patrick De Haan
The Alien Handbook
Paulinne Delcour-Min
Divine Fire
Holly Ice
Spiritual Gold
Anthony DeNino
The Power of Giving and Gratitude
Joanne DiMaggio
Edgar Cayce and the Unfulfilled Destiny of Thomas Jefferson Reborn
Paul Fisher
Like a River to the Sea
Anita Holmes
Twidders
Aaron Hoopes
Reconnecting to the Earth
Edin Huskovic
God is a Woman
Patricia Irvine
In Light and In Shade
Kevin Killen
Ghosts and Me
Susan Linville
Blessings from Agnes
Donna Lynn
From Fear to Love
Curt Melliger
Heaven Here on Earth
Where the Weeds Grow
Henry Michaelson
And Jesus Said – A Conversation
Andy Myers
Not Your Average Angel Book
Holly Nadler
The Hobo Diaries
Guy Needler
The Anne Dialogues
Avoiding Karma
Beyond the Source – Book 1, Book 2
The Curators
The History of God
The OM
The Origin Speaks

For more information about any of the above titles, soon to be released titles, or other items in our catalog, write, phone or visit our website:
PO Box 754, Huntsville, AR 72740|479-738-2348/800-935-0045|www.ozarkmt.com

Other Books by Ozark Mountain Publishing, Inc.

Psycho Spiritual Healing
James Nussbaumer
And Then I Knew My Abundance
Each of You
Living Your Dram, Not Someone Else's
The Master of Everything
Mastering Your Own Spiritual Freedom
Sherry O'Brian
Peaks and Valley's
Gabrielle Orr
Akashic Records: One True Love
Let Miracles Happen
Nikki Pattillo
Children of the Stars
A Golden Compass
Victoria Pendragon
Being In A Body
Sleep Magic
The Sleeping Phoenix
Alexander Quinn
Starseeds What's It All About
Debra Rayburn
Let's Get Natural with Herbs
Charmian Redwood
A New Earth Rising
Coming Home to Lemuria
David Rousseau
Beyond Our World, Book 1
Richard Rowe
Exploring the Divine Library
Imagining the Unimaginable
Garnet Schulhauser
Dance of Eternal Rapture
Dance of Heavenly Bliss
Dancing Forever with Spirit
Dancing on a Stamp
Dancing with Angels in Heaven
Annie Stillwater Gray
The Dawn Book
Education of a Guardian Angel
Joys of a Guardian Angel
Work of a Guardian Angel
Manuella Stoerzer

Headless Chicken
Blair Styra
Don't Change the Channel
Who Catharted
Natalie Sudman
Application of Impossible Things
L.R. Sumpter
Judy's Story
The Old is New
We Are the Creators
Artur Tradevosyan
Croton
Croton II
Jim Thomas
Tales from the Trance
Jolene and Jason Tierney
A Quest of Transcendence
Paul Travers
Dancing with the Mountains
Nicholas Vesey
Living the Life-Force
Dennis Wheatley/ Maria Wheatley
The Essential Dowsing Guide
Maria Wheatley
Druidic Soul Star Astrology
Sherry Wilde
The Forgotten Promise
Lyn Willmott
A Small Book of Comfort
Beyond all Boundaries Book 1
Beyond all Boundaries Book 2
Beyond all Boundaries Book 3
D. Arthur Wilson
You Selfish Bastard
Stuart Wilson & Joanna Prentis
Atlantis and the New Consciousness
Beyond Limitations
The Essenes -Children of the Light
The Magdalene Version
Power of the Magdalene
Sally Wolf
Life of a Military Psychologist

For more information about any of the above titles, soon to be released titles, or other items in our catalog, write, phone or visit our website:
PO Box 754, Huntsville, AR 72740|479-738-2348/800-935-0045|www.ozarkmt.com